U0761811

张远航 ◎ 主编

中国近代马克思传记稀有版本文献

③

马克斯与恩格斯

【苏】里亚札诺甫 ◎ 著
苏迅 ◎ 译

中央编译出版社
CCTP Central Compilation & Translation Press

图书在版编目（CIP）数据

马克斯与恩格斯 / (苏) 里亚札诺甫著 ; 苏迅译.
北京 : 中央编译出版社, 2025. 6. -- (中国近代马克思
传记稀有版本文献 / 张远航主编). -- ISBN 978-7
-5117-4922-2

Ⅰ. A711; A721

中国国家版本馆CIP数据核字第20257VG813号

马克斯与恩格斯

选题策划 张远航
责任编辑 周雪凝
责任印制 李　颖
出版发行 中央编译出版社
地　　址 北京市海淀区北四环西路 69 号（100080）
网　　址 www.cctpcm.com
电　　话 （010）55627391（总编室）　（010）55627312（编辑室）
（010）55627320（发行部）　（010）55627377（新技术部）
经　　销 全国新华书店
印　　刷 廊坊市印艺阁数字科技有限公司
开　　本 710 毫米 ×1000 毫米 1/16
字　　数 139 千字
印　　张 24.25
版　　次 2025 年 6 月第 1 版
印　　次 2025 年 6 月第 1 次印刷
定　　价 2380.00 元（全 7 册）

新浪微博： @ 中央编译出版社　**微　　信：** 中央编译出版社（ID：cctphome）
淘宝店铺： 中央编译出版社直销店（http://shop108367160.taobao.com）（010）55627331

本社常年法律顾问：北京市吴栾赵阎律师事务所律师　闫军　梁勤
凡有印装质量问题，本社负责调换，电话：（010）55627320

世界名人傳記

馬克斯與恩格斯

里亞札諾甫著

蘇迅譯

言行出版社刊行

卡爾·馬克斯（1818-1883）

弗得利希·恩格斯（1820—1895）

目　　錄

第　一　章

第　二　章

第三章

科學的社會主義和哲學的關係。唯物論。康德。菲希特。黑格爾。浮爾巴哈。辯證法的唯物論。普羅列塔里亞特之歷史的使命。……………………53

第四章

「共產主義者同盟」的歷史。組織家的馬克斯。和歪特林的鬥爭。「共產主義者同盟」之形成。『共產黨宣言』。和蒲魯東的爭論……………………87

第五章

一八四八年的德國革命。萊因州的馬克斯恩格斯。「新萊因報」之創設。歌特洽爾與威里志。「克倫勞働者同盟」。「新萊因報」的政策與戰略。邦。馬克斯戰略之變更。革命失敗與「同盟」內意見糾紛。分裂。……………………1 7

第六章

五十年代的反動。「紐約民報」。「枯里米亞戰爭.」馬克斯恩格斯的見解。意大利問題。馬克斯恩格斯和拉薩勒的意見齟齬。和霍格特的爭論。對拉薩勒的態度……159

第七章

一八五七——八年的恐慌。英法德三國勞働運動之發展。一八六二年的倫敦萬國博覽會。合衆國的南北戰爭。棉花恐慌。波蘭造反。「第一國際」之創立。馬克斯的任務。『創立辭』。……203

第八章

「第一國際」的『綱約』。「倫敦會議」，「日內瓦大會」，馬克斯的報告。「羅讐奴大會」及「布留塞爾大會」。巴枯寧與馬克斯「巴士爾大會」。普法戰爭。

第九章

馬克斯恩格斯傳記發展史考

譯　　者

弁言：

里亞札諾甫 （D. Riazanov）這本『馬克斯與恩斯格』“Karl Marx and Friedrich Engels”的英譯本，在我初次過目時是在去年春間。當時我正在滬上某大學教社會主義史，時期也恰好講到了馬克斯；故許多點曾用牠作基礎，對學生舉參考書時也首先舉過牠。

但五月間該大學突死于政治鐵蹄之下被解散了。我的教書工作于是中輟，生活樣式往後也根本一變。當時我首先決定翻譯的書就是牠，因爲我相信牠是中國社會科學運動發展上一塊有力的基石。——六月一個月內我于是就把牠譯完了。

但譯完之後誰知事出意外地竟找不到一個出版處。固然時代關係也有一些，然主觀上當時以社會科學運動爲職志的幾家書店，也只是些「商人」集團則是事實。他們將我這譯本擱置了好幾個月不予決定。最後還是我自動收回束之于高閣。至冬間聽到另有一種譯本——題爲『恩格斯馬克斯傳』——出了版時，我更決心自認晦氣，不願再買胭肢爲牠畫牡丹。同時也很安慰，以爲旣有一種譯本在則讀書界的飢渴可以解除；我的不出版,沒甚關係。但今年四月，一天忽偶從舊友 W 君處聽到許多關于坊間譯本的批評。尤其聽到對里亞札諾甫本書的中文譯本之「太無聊」，「看不懂」等評語。我於是不覺發了些感慨，因而復憶起了自己手邊的那個遲暮美人。七月間和春秋書店主人談及時蒙他一口承印，于是這遲暮了的美人在脫稿一周年後就仍得這樣新裝出世以與諸君相見，這在我實在是很愉快的一宗事。至于內容呢，也許我的手法不高，也有害着諸君「看不懂」之處；不過我可以負責任說：我譯牠根本就不是『商品生產』的目的，對原書自信也沒冒險，卽沒有相欺；從而應可以相當地滿足諸君的要求以及諸君所花的代價。

序文呢，我本也不想作，因爲英譯原文上有 Alexander Trachtenberg 的一篇在，雖不十分好，卻也于介紹里亞札諾甫及介紹本書的點上沒有什麼失敗。不過校完後一想，關于馬克斯恩格斯的傳記學之發達上，同時亦卽關于里亞札諾甫這書之所以能這樣完成上，許多過去材料之歷史的考察似乎在這兒敍述一下很有必要。因爲馬克斯恩格斯的傳記不是那麼容易下筆的，前期探檢開掘的工程必不可少；里亞札諾甫和許多偉大的歷史家一樣也決不是天上落下來的，在許多前人築成的基礎上他才能夠大成。尤其在馬克斯恩格斯傳記材料之探檢開掘上，還有許多重要的——研究馬克斯恩格斯的人所不可不知道的——故事纏繞在其中，將其略加指出，于本書的讀者當也能參證不少，因此我就作了這麼一篇「馬克斯恩格斯傳記發展史考」于此以代序——

譯者于海上。

馬克斯死于一八八三年，恩格斯死于其十二年之後的一八九五年。在這十二年當中，恩格斯爲馬克斯及爲國際運動做了幾多不朽的事業，同時他還爲馬克斯在當時德國「國家學大辭典」"Handwörterbuch der Staatswissenschaften" 上投了一篇小稿，敍述馬克斯的生涯與事功。這在馬克斯傳記上說，是最古的馬克斯傳。因爲是恩格斯的親筆，且可以說是最靠得住的馬克斯傳。唯可惜內容太簡略，及恩格斯老年執筆，記憶上有好些不正確。對這不正確的點，後來該辭典新版時曾由社會主義文獻學者 Ernst Drahn 作過註脚；但簡略之處則沒有辦法還是如故。故除歷史的意義外，這書在馬克斯傳記學上不十分重要。

一八六〇年時候，據說馬克斯自己爲一宗官司事體，曾將自己的一生作過一略歷，——交給律師作參考。這個自然很靠得住；不過一因是略歷，二又現在我們還沒法子看到，亦無從下觀察。

恩格斯死後的翌年——一八九六年，有名的里布克湟希特(Liebknecht)曾作過一本『馬克斯的追憶』“Karl Marx zum Gedächtniss. Ein Lebensabriss und Erinnerungen”。里氏自己是在一八五〇年代曾在倫敦親受過馬克斯薰陶的，這是其三十多年後孺慕追懷不能自已之作。但其中據說不精確處也不少，敍述的時期也有限，故也只能作部分的資料。

恩格斯死後五年——卽一九一〇年的時候，德國社會民主黨曾决議刊行馬克斯恩格斯的遺集。默林（Mehring）手編的『一八四一——一八五〇年間馬克斯恩格斯遺稿集』“Aus dem literarischen Nachlass von K. Marx und Fr. Engels, 1841—1850”，于是就在一九〇二年出了版。書凡四卷；前三卷是上舉十年間馬克斯恩格斯在新聞雜誌上所發表的各種文章，後一卷是拉薩勒對他們二人的書翰集——七十五封。默林且在裏面差不多一一都作有解題與註譯。這是一很有用的參參書。同時在這以前——一八九七——九八年間，同一著者的『德國社會民主黨史』"Geschichte der deutschen Sozialdemokratie"兩卷，也一樣好參考。

後此則考茨基（Kautzky）的『剩餘價值學說史』"Theorien über den Mehrwert"出版了，三卷，一九〇五年。一般所謂『卓格書簡集』"Sorge Briefe"——的『伯克爾，狄根，恩格斯，馬克斯給卓格及其他的書信與拔萃』"Briefe und Auszüge aus Briefe von Joh. Phil. Beckr, Jos. Dietzgen, Friedrich Engels, Karl Marx. N. A. an F. A. Sorge und Andere"也出版了，——一九〇六年。後者是卓格自己編的，其中馬克斯的信有三十一封，恩格斯的有百卅三封。

——有這一些重要的材料出了世，故一九一〇年士拍葛（John Spargo）的『馬克斯傳』

"Karl Marx, His Life and Work," New York. 于是得以出版。而且出版後十年間——因後述默林的『馬克斯傳』尚未出來，——且曾占過唯一的馬克斯傳的地位。不過內容則充分發揮了美國式的「通俗」臭味，史眼也極低，故誠如默林所駡：是一『無價值的編集』。

再回到德國社會民主黨其後的工作上去看看。當時該黨內部親受過馬克斯恩格斯的薰陶而居于黨的長老的地位的人，要算伯伯爾（Bebel,），與伯倫習台因（Bernstein）。而伯伯爾又正病重將不起。于是一切整理編纂的事遂都委給了伯倫習台因。但伯倫習台因這時候已非常轉到了修正派的立場，離正統馬克斯主義很遠退遠了。他在整理發表的時候，于是大大地依其一己的愛惡，妄加取舍。他對恩格斯遺稿就只將『聖馬斯』"Sankt Max"的一部分發表于『社會主義文獻』Dokumente des Sozialismus" 上，其他如『德國觀念形態』

"Deutsche Ideologzie" 全部及『自然辯證法』"Natur-Dialektik" 都不公表。他說前者太過于攻擊，後者在自然科學界已過于陳腐。(註)

(註)現在由里亞札諾甫主宰之下，在「莫斯科馬克斯恩斯研究所」內繼續發刊了。

在上舉士拍葛的著作出版之年，他——伯倫習台因——才決定發刊『馬克斯恩格斯的來往信札集』。同時因這工作太難，他復請默林一同參加。但默林不贊成他那種怪態度——因爲他在這信札集發刊上又主張一切關涉于個人內容的信札及使尙存在于世的的第三者要感苦痛的信札概不發表•——提議發刊延期。不過事實上其後因伯伯爾一死，及默林自己又苦于政治壓迫之下，這信札集 "Der Brief wechsel Zwichen Fr. Engels und K. Marx 1844—1883." 遂卒于他——伯倫習台因的意見指導之下整理刊行了。

這往復信札集之刊行，是研究馬克斯恩格斯

兩人生涯上極其重要的史料，因爲前後四十年間兩人彼此交換的信札一千三百八十六封都收在內，亦卽一八四四年再會以後，終生肝胆相照。悲歡相依。的兩個革命家之忠實生活記錄全在其中。恩格斯對馬克斯的獻身無私的援助，雖然早就有人說及，讀此才能曉得不啻是千秋之後第二個羊角哀左伯桃佳話。尤其是當時世界狀態社會狀態及社會運動的情形，以及和他們偉大事業相關聯的那些人物與事件等之眞相，由此才皆得揭開，——才能揭開從來幾多無法可以曉得的深刻忠實的內幕。簡言之編輯者伯倫習台因的態度雖不可恕，書自身的價値則還是重要非常。這些材料不出世。馬克斯恩格斯的傳記根本不能下筆。的話，差不多都可以說。(註)

(註)這信札全集現又由莫斯科研究所重行刊印了。根據原文玻璃版加以研究，絲毫不删不改，比伯倫習台因版要增多很多。一九二九年年已出版第一卷。

——情形如此，故一九一八年出版的默林所著「馬克斯傳」"Karl Marx, Geschite seines Lebens'', Leibzig",就正是這些根本材料出世之後的產物。故材料就能很豐富，記述亦能很精密，儼然馬克斯的傳記學，到此有發達到了止境之觀。不過雖然如此，對許多重要問題的觀察，著者默林也還有許多失當處。如敍馬克斯和巴枯甯的鬥爭及和拉薩勒的不一致時，默林的判斷就常有中立的，市民的，之嫌。固然默林不定是有意護巴枯甯拉薩勒方面的短，然對馬克斯心弦深處沒有徹底理解則很像是事實。故同一馬克斯傳記學者的里亞札諾甫就很不滿足，除屢和默林相爭論外，在本書「馬克斯與恩格斯」內對默林亦每多批評之筆。原因即是爲此。

以上是關于馬克斯傳記學的發展情形，恩格斯的事還沒一字提及。恩格斯他一生只是爲馬克斯作宣傳，自已的事常擱置不談。故在馬克斯的事情大明大白之後，他的還是許多沒人知道。自他和馬克斯的來往信札集公開後，固然大大部分得了解決，但這是他和馬克斯結交以後的事，以前的情形如何則還是一個謎。而最初對這謎投以開放的鍵的則爲邁耶爾(G. Mayer)。其一九二〇年出版的『恩格斯傳』"Friedrich Engels, Eine Biographie" Erster Band。即其結晶。同時他又編輯了一本『恩格斯青年時代的著作』"Friedrich Engels Schriften der Frühzeit"亦于同年出版。在這二著內，他把他頻年研究考證所得的成果彙集成專篇，把一個才智縱橫的青年恩格斯，活活地浮出來躍然紙上。即他第一考證出來了：恩格斯在青年時代——捲在『青年黑格爾學派』內以後——所作的文章常是用"Iswald"那麼一個假名發表（理由則是爲避免意見不相同的父母有所疑懼），當時Gutzkow主辦的"Telegraph für Deutschland"(Hamburg發行)上面"Iswald"所投的文稿都是恩格斯所作。第二他又考證出來了：當時有名的攻擊歇林『啓示哲學』的一匿名書——"Schelling und Offenbarung. Kritik des neusten Reaktionsversuches gegen die freie Philosophie"，當時與後世雖一般以爲是巴枯甯所作，實則絕不是巴枯甯而又是恩格斯。——這兩個考證是邁耶爾最大的功績，宜乎默林甚稱其功，謂『青年馬克斯是由他發見』。

一九二二年邁耶爾又出版了一本『馬克斯恩格斯拉薩勒的往來信札集』"Brief wechsel zwischen Lassalle, Marx, Engels" 其中有馬克斯致拉薩勒的信五十三封，恩格斯致拉薩勒的五封。

一九二五年伯倫習台因也發刊了從前恩格斯寫給牠的信札集，名爲"Die Briefe von Friedrich Engels an Eduard Bernstein。" 一八八一年起至一八九五年止恩格斯寫給他的八十四封信都包含在內。

——這樣于是恩格斯的事情也就一切得以大

白于天下。而我們里亞札諾甫的『馬克斯與恩格斯』則正是這樣二主人翁一切詳情鮮明之後才誕生于世的。里亞札諾甫他根據邁耶爾的研究所得，談恩格斯；祖述馬克斯與其同志們的心情，駁默林。量的點上說雖不及默林上著之大，質的點上則過之。同時他是有名的精通「第一國際史」的今古第一人，他傾其研究所得不僅正確地指出了第一國際的前身——「國際勞働協會」之發生經過，而且對「共產者同盟」與馬克斯恩格斯的實際關係問題，又把恩格斯錯誤的記憶加了糾正。從來一般「國際」史家——僅據恩格斯的記憶加了祖述的如默林，如士特克羅甫(Steklov)等——在這點之概有錯誤，及受了他的糾正，就不待講。(註)

(註)關於這問題的詳細，讀者讀本書第四章八七——一〇八頁當能詳知。這是里亞札諾甫本書最有特色的一點這兒恕不詳述。

此外至于根據馬克斯主義獨特而又正確的治

學方法以敍述馬克斯恩格斯本人的點，即依「存在」決定「意識」。環境支配個人。的見地以論馬克斯恩格斯思想行動之發展過程與內容的點，及于其正傳之外。亦又即于其正傳之綿密的辯證法的敍述發展當中。興味津津地展開十九世紀幾多思想史。政治史。經濟史。人物史。于我們之前的點，則猶其餘事。

故本書實在是自有馬克思恩格斯傳記研究以來——的最大收穫。

原著者里亞札諾甫

里亞札諾甫 (D.Riazanov) 生于一八七〇年三月十日俄國的倭德薩 (Odessa)。十五歲時就加入了俄國的民衆運動(Populist Movement),且獻身于硏究社會科學與勞働運動史。一八八九和一八九一年，曾兩次出國訪問當時俄國在海外主要的馬克斯主義者團體，以謀明瞭那些在俄國內樹過勞働運動基礎的亡命客中•所現存的各種傾向。但第二次歸國時，在國境上被捕。待決于獄內十五個月後,被宣告四年獨房監禁與作苦役。監禁完後復被送到伯薩拉畢亞 (Bessarabia) 的基

雪涅甫 (Kishenev) 住着，于嚴重的警察監視之下。

但他還是始終爲研究科學的心思所牽引。一九〇〇年才復覔得出國機會，繼其素志。然一九〇五年革命爆發時，又立歸，積極活動于聖彼得堡各勞働團體內。一九〇七年復被捕。但此次很快地給他逃脫了，再奔海外。這時候革命已失敗，反動勢力方大得勢，他因此遂獲得了再追求其素志的機會。他于是選定馬克斯主義的歷史與學說作其研究範圍，并涉及「國際勞働者組合」——即一般所謂「第一國際」——的史的探究。這時候德國社會民主黨「檔案收存所」內的藏書——馬克斯恩格斯二人的藏書也在內，對他供給了一個豐富的果樹園，他得大嚼于其間。但他還不足，復往倫敦，沉潛于「大英博物館」。在這兒研究馬克斯恩格斯在世時所曾投稿的各刋物。又用心檢讀「紐約民報」的合訂本，尤其是一八五二至一八六二年間的，以期抄出當時馬克斯恩格斯的各種文稿——大部分是被用作社論或則無署名的論文——來。同時，默林(Frnz Mehring) 在一九〇一年發刊的馬克斯恩格斯的時事論文，既都不過是他們一八四一——一八八五年十年間的東西(1)，他的研究所得，就也命他將其後十年間二人同樣的論文亦公諸世。一九一七年他于是出版兩卷(2)；其中他將一切已經證實了的，一八五二至一八五六年間他們二人在「紐約民報」及憲章黨的「民報」以及其他幾種刊物內所作的稿文，全加以重刊。

(1)「馬克斯恩格斯遺著選」(Aus den literarischen Nachlass von Karl Marx und Friedrich Engels) 伯林，三卷。

(2)「一八五二年至一八二年間的馬克斯恩格斯全集」(Gesamelte Schriften von Karl Marx amd Friedrich Engels, 1852—1862)，伯林。

他于這兩卷之外，復將他對馬克斯文藝活動

的特殊方面，研究所得的東西也付了印。過去十五年間，他又常投稿于德俄各刋物上，發表他對馬克斯學派思想史上運動史上的各時期的研究論文，這個現集成爲六百五十頁的俄文版發刊了。

一九二〇年，他在蘇俄政府保護之下建設了一現在世界上有名的「馬克斯恩格斯研究所」(Marx-Engels Institute) 于莫斯科。與許多僚友傾其全力蒐集全世界社會主義運動起源與發達上的資料而研究之。由其努力之賜，現該「研究所」的大圖書館內已堆滿了特別關于德法英俄四國社會學方面的文獻。同時在他的總編修之下，「研究所」復將馬克斯恩格斯的原作大量蒐集，而與其已出版的各作相互加以對校後，發刋「馬克斯恩格斯全集」的定刋本，——篇爲三十六卷，研究十九世紀社會史的人，前于此想得精讀馬克斯恩格斯在該世紀最重要的五十年間的各種著作，是不可能的。現則無問題了。唯其如此，故「研究所」現又計劃將該定刊本作國際版的刊行，以便社會主義與社會運動的研究者，嗣後得隨心所欲窺得科學的社會主義之全豹。這刊本中將包含從來僅知其一部分或尚毫無所知的馬克斯恩格斯的一切作品；依他二十年間不屈不撓的努力及鞠躬盡瘁委身于馬克斯學派研究之結果，工作且已大有成效。同時「研究所」又在刊行該學派內一切第一流的作家的全集。一九二六年，也是他的總編輯之下在佛蘭克霍特又發刊了「馬克斯恩格斯雜誌」（Marx Engels Archiv；將「研究所」總部關于馬克斯學派深廣地研究所得的一切成果皆發表于其中。

里亞札諾甫關于馬克斯主義史方面的知識既這麼深厚，所以曾有許多人希望他自己著些關于馬克斯恩格斯的書。因為默林所作——出版已久而未加修正——的馬克斯傳（1）以及其他許多研究馬克斯的作物，皆由他闡明了在許多重要點上不完全。而關于研究恩格斯的尤極少。僅僅邁耶爾(Mayer)出版過第一卷(2)，關于恩格斯最初三十年生活的研究。

(1)「馬克斯的生涯」(Karl Marx: Geschichte seines Lebens)伯林，一九二三年版。

(2)「恩格斯傳」(Friedrich Engels, eine Biographie)伯林，一九二〇。

本書是他在「莫斯科社會主義學院」講述馬克斯恩格斯的生涯與事業時的通俗講義。書內他不僅用小說體裁同時地——因爲前後四十年之間二人的著作是互爲補助的而且不可分的——敘述了他們二人，而且用馬克斯的方法講述了這二友人•這二合作者•的生涯與事業的故事。在這特異的傳記研究當中，所以我們讀者也就不僅得到了他們二人天才與偉業的發展記錄，而且饗受了他二人壯年乃至老年的時代與社會情況•的科學的描述。他二人所共同經過的知識的路，他二人個別地聯結地展開過的思想體系，他二人造成而且于其生活上實現過的行動綱領，——一切的一切都被他描出在差不多整整一個世紀的社會背景之下。

又他于未介紹馬克斯恩格斯給我們以前，就使我們學到了「產業革命」「法國大革命」及其相聯帶的政治經濟的結果，的歷史的意義。德國——尤其他二人生于斯長于斯的萊因州一帶，及他二人周圍的氛圍氣，及他二人成年期被吸入的知識團體，●及他二人尚未達于一定的觀念以前所通過的社會鬥爭與哲學鬥爭，——等等既都被他描寫得那麼生龍活虎地奕奕如生，那末我們眼前的馬克斯恩格斯也就成了活人，且成了十九世紀第二個二十五年，震撼歐羅巴最激烈的社會鬥爭中間●的活潑潑的現實體。以後諸章，——如唯物論者的哲學，如共產主義運動之起源，如馬克斯恩格斯之積極參加一八四八年的革命，如最初和拉薩勒●其後和巴枯寧●的理論鬥爭，如「巴黎公社」，如勞働者最初的國際組織之鍛錬，如馬克斯恩格斯之對此及對其他國內普羅列塔里亞運動之積極參加，如他們豐富的生涯之結果所遺下來的巨大的文字遺產，——一切亦都由他用其極大的馬克斯學派之燦爛的知識，爲之充實表彰出來了。

讀者將于此可看到馬克斯主義的思想行動體系之生動的發生與發展的故事；及歷史上最重大的文字合作的眞實的描寫。

本書是枯尼滋（Joshua Kunitz）君從俄文譯出的。「馬克斯恩格斯研究所」復于本書內引用原文的地方，曾一一供以抄本以便譯者，謹誌謝。

一九二七，二月，特拉志吞伯（Alexander Trachtenberg）

第一章

英國「產業革命」。「法國大革命」與其及于德國的影響。

在卡爾•馬克斯(Karl Marx)及佛里特里希•恩格斯 (Friedrich Engels)之中，我們認得了曾給人類思想以偉大的影響的兩個人物。恩格斯的人物較之馬克斯似稍遜一些。他們二人的相互關係慢慢再說 但馬克斯，則無論誰想在十九世紀的歷史上發見一個比他還能用其活動與知識去決定幾多國家之幾多世代之思想與行動的人，當不可能。他去世已經四十多年了，但他還生存着。他的思想現在還繼續影響到很遠的國家去——他在世時還不知他爲何許人的那種國家去，以指示其前路。

我們現想先將他們二人曾生長過發達過的當時的情形與環境識別一下。人們都是一定的社會環境的產物。一切天才之有新的創造，都是以過去成就了的東西爲基礎的。他決不是從眞空中發芽的。我們想眞正地決定他的偉大，也必要將其以前的時代的各種業績，社會的智識發達程度，以及該天才生于其中及從其中吸取得心理的生理的榮養成分•的社會形態等，加以確切的認識才行。所以想理解馬克斯——而且這個就是馬克斯自身的方法之應用——，我們先應將他的時代背景及其對他所給的影響等，加以研究。

卡爾•馬克斯，他生于一八一八年五月五日普魯士的萊因州（Rheinish）特勒甫斯（Treves）市內；恩格斯生于一八二〇年十二月二八日同州的巴兒蒙(Barmen)市內。兩人同生于德國，同生于萊因州，且差不多生于同時，是一宗很有意義的事。在他們感受性很強及發達很盛的青年時代，又恰是十九世紀三十年代初期天下多事之秋。一八三〇年與一八三一年都是革命的年歲。法國的「七月革命」起于一八三〇年；風潮所撼，席捲歐羅巴的西東。遂達于俄羅斯而引起波蘭一八三一年的叛亂，

但「七月革命」自身，究不過是別的更嚴重的革命發動的一個頂點；明瞭它的經過，是理解他們二人發育期中的歷史背景•上很重要的一宗事實。十九世紀的歷史，尤其他們二人未達于社會的自覺之青年期以前。的該世紀初期三分之一的時代，是依英國的「產業革命」與「法國大革命」二基本事實而具其特質的。英國產業革命大概開始于一七六〇年。其後更長期間繼續着，到十八世紀之末始達于頂點，一八三〇年左右方告終結。所謂

「產業革命」(Industrial Revolution)一成語，是屬于英國的。卽是指十八世紀之後半期，英國日成爲資本家國家的過渡時代而言的。在那時，所謂勞働階級卽普羅列塔里亞特(Proletariat)——無財產•無生產工具•因而被迫把自身當作商品•當作他人的勞働力以出賣•以謀生活資料•——的普羅列塔里亞特，已經存在着。不過在十八世紀中期，英國的資本主義究還是依手工業制度以作生產方法，以示其特徵的。雖然已不再是小規模的企業，已不再是一個師傅•兩三個職工•及幾個徒弟•的那種舊式手工業(Handicraft)生產形態；雖然這舊式的傳統手工業已日在被資本家的生產方法驅逐當中。換句話，英國資本主義的生產，到十八世紀的後半期始全進于工場手工業(Manufacture)的階段。這階段中的特徵，則是生產方法還未超出于手工業的範圍以外；而資本家已盡量剝削勞働者；勞働場也已經很大。蓋自其技術與勞働組織方面看，和舊式的手工業方法還是沒有多少差異。不過舊來是五六個人在一小勞働場中工作，現在則資本家把百人至三百人的職工集在一大房子內罷了。這時候隨是什麼職業，只要勞働者的數目一夠，立刻就顯出了高度的分業及成果來。故這時候只是無機械。無自動的機械設備。的資本家的企業；而其中，勞働分業及生產方法分割成種種部分的作業——二點又已經很進了步。——結果，于是工場手工業到十八世紀的正中期遂達于發達的頂點。

十八世紀後半期以後，詳言之，卽在六十年代以後，種種生產自身的技術基礎才變化。舊式的工具才由新式機械起而代之。這機械發明，發顯于英國最重要的產業部門——纖維工業——領域內。接着于是一羣的發明，又把織物業與紡織業的技術根本加以變革了。我們在這兒不能把一切的發明概加敘述。只能把八十年代紡織機械與織物機械都發明了的話說一說。一七八五年瓦特(Watt)的完全的蒸汽機發明了。從而于是素來耑恃水力建于河岸的種種製造所，就得以建于市內。同時生產的集中與積集上，也依此獲得了種種有利的條件。尤其是蒸汽機械採用以後，各產業部門都開始利用之以爲動力。不過其進步不如許多書本上所描寫的那麼快罷了 然無論如何，自一七六〇年至一八三〇年，總總是偉大的產業革命的時期，則無疑義。

試想像一個國家：七十年之間新的發明不斷地被採用，生產日趨集中，小手工業生產日歸于剝奪•凋零•滅亡，以及小的紡織職場織物職場等之無情地沒落下去，——等等的那麼一個國家。那兒舊式的手職工人消失了，不斷增大的大羣普羅列塔里亞特起而代之了。即在十六七世紀才開始發達，十八世紀前半期猶不過占英國全人口的極小部分的舊式勞働階級 現忽由一個從十八世紀之末與十九世紀之初漸占全人口的大部分•且決定現代一切社會關係•及于該關係上印以明晰的足跡•的普羅列塔里亞特，起而代之了。同時跟着這產業革命的出現與發展，他們內部一種階段的集中也自然爲之勃起了。——是則在這經濟關係的根本變化當中，舊紡工織工的舊生活樣式的這根本破廢當中，以及代而興起的這新社會情形當中，勞働者心情上應起多麼利害的昨今懸殊的苦感呢?昨日什麼都好;昨日雇傭者與被雇傭者之間還保存有先祖傳來的固定關係，今日則一切都變化了;雇主毫不客氣地開除幾十幾百的工人。他們于是對于那危害自己的生存條件的根本變化，遂頑強地起了反抗。爲想脫除那新狀態起見，遂起了叛亂。很明白地他們這時候激越的憎恨與火樣的憤怒，首先都是對于機械;因爲這機械實是新的強有力的產業革命的象徵，在他們尤其覺得是新狀態新制度內一切不幸與害惡的源泉，無疑義地故十九世紀之初，勞働者連續的暴動皆向着機械，向着生產方法的新技術。這些連續的暴動，在一八一五年的英國而且達于可駭可怕的程度。（織物機械是一八一三年完成的）。正是這時候，這運動又傳播到了一切工業中心地。從一種單純初步的暴動，忽一轉眼立化成爲具有適切的口號及具有能力的指導者之下的有組織的反抗運動。歷史上有名的「拉帶特運動」(The Movement of Luddites）就是這個，就是反抗採用機械•的運動。

一說這名稱是從一個勞働者的名字引來的；又一說則說是勞働者在其宣言書上署名時曾借用古神話上一將軍名拉特（Lud）者而來。

但是當時支配階級 形成寡頭政治的支配階級，對這「拉帶特」曾加以極殘酷的壓制。凡破壞機械或謀傷害機械的，皆被處以死刑，故多數勞働者都被送上了絞首台。

這一來于是更進一步的勞働運動之發達，及

更適切一點的革命宣傳，遂爲必要。換句話，先向勞働者說明：罪過并不在于機械•乃是在于使用機械的社會條件之不良的點，遂爲必要。恰好這時候在英國，想把勞働者造成一個有階級自覺的革命集團• 以便對一定的社會上政治上各問題能夠對抗•的運動，正活潑潑地發芽。關于這運動的詳細這兒暫不說，這兒僅注意一點，就是一八一五至一八一七年間的這運動，其起源是在十八世紀末的.同時要想理解其意義時，我們還得先向法國方面說一說 因爲法國革命的影響沒有澈底把握時，想理解英國這勞働運動的發端很不容易。

法國革命始于一七八九年，一七九三年達于頂點。但自一七九四年以後，其力漸減。因而數年間形成了拿破崙的軍事獨裁政治，一七九九年，他更完就了他 的非法非常的行動，所謂 Coup d état。而且幹了五年間「執政官」之後他復自稱皇帝，而支配法國直到一八一五年。

十八世紀末以前，法國本是一絕對君主專制國，和沙皇之下的俄國相似。然權力則實際上操在貴族與僧侶之手，他們將其權力的一部分復賣給新興的金融商業的布爾喬亞西(Bourgeoisie)，而于其中得些金錢上的酬報。同時，在一般民衆——即什麼特權也沒有的小生產者•小農民•小中商業者•——的強烈的革命運動影響之下，法王又不能不多少讓些步。他于是召集了所謂「國民會議」。在都市的貧民和特權階級二明晰的社會團羣鬥爭當中，政權遂忽落在革命的小布爾喬亞西及巴黎勞働者之手。這是一七九二年八月十日的事。即是政權爲牙哥班黨(Jacobin)——羅伯士披爾(Robespiere)馬拉(Marat)或再加一個單當(Danton)等所領導的——所支配。以來兩年間，法國都在叛徒手中。革命的巴黎作了先鋒。而牙哥班黨，將其自身所代表的小布爾喬亞西階級的要求復推進達于理論的極處。首領單當·羅伯士披爾，馬拉等都是些小布爾喬亞民主主義者，他們竟把布爾喬亞西所要解決的各問題全認作自己的任務——如除去封建制度的一切殘餘勢力，創設自由政治狀態使私有財產制度得以繼續保存，及使小資產家于其下亦得正當地作剝削工作以維收入，等等。在這新政治狀態的創設及反抗封建制度•的鬥爭當中，又在這對抗貴族主義及對抗正襲擊法國東部的歐羅巴聯軍•的鬥爭當中，牙哥班黨——羅伯士披爾和馬拉——實在是充分發揮了他們做首領的任務。在他們和全歐羅巴交戰時，他們沒有辦法不能不用革命的宣傳。爲吸引民衆的力•大衆的力•以和封建諸侯及國王的力相對抗起見，他們沒有辦法不能不搬出「帝王之家都應變亂！百姓之家都應平和！」的標語來。故在他們的旗子上，寫得有「自由•平等•博愛」等字樣。

「大革命」的這種最初的勝利，立刻在萊因諸州起了反響，牙哥班黨同時也得形成。幾多德國人都跑到法國去做義勇兵 有一些在巴黎的，且參加了一切的革命團體。在這長期間中，萊因諸州非常大地受了這大革命的影響，雖十九紀之初，靑年們還是在這大革命之英雄的傳統中所生的強烈的感動之下成長着。就是拿破崙，雖然是一個篡奪者，然正因爲篡奪者不爲封建制度所容的原故，當他和舊式王政的封建的歐羅巴鬥爭時，也就不能不依靠這「大革命」之基本的勝利，他自己就是在這革命軍中樹其軍事的功績的。革命軍的大隊，衣服襤褸，武器也不整齊，然把優秀的普魯士軍打走了。他們是拉熱情戰勝的，拉數量戰勝的。他們在未開槍發砲之前，宣言書傳單等就送到了敵軍的陣內；先使敵軍的意志沮喪，內部分裂，他們是這樣得到勝利的。故雖拿破崙亦曾不禁止自己軍隊內的革命宣傳。他固然知道大砲是很好的武器，但在其死之日止，他曾未常輕蔑過革命的宣傳那個武器——能使敵軍這樣有効地崩壞．的那個武器，

「大革命」的影響更傳播及于東方；而達于聖彼得堡。巴士梯爾(Basti le)陷落之報傳來時，這個地方的人民都相抱着接吻。

這時候，在俄國也已有了一小部分人對這「大革命」表示非常賢明的反應，其中著名的人物爲拉的希雪甫(Radishchev)。他們這團體對歐羅巴諸國或大或小都給了些影響；即作反革命的聯合軍的總指揮的英國，亦不能免。幷且在英國不僅小布爾喬亞的分子感覺着，當時產業革命的結果所發生的龐大的勞働羣衆尤感覺着。一七九一年至一七九二年，英國最初誕生的革命勞働團體——「通信協會」(orresponding Socie y)就是這影響之下出現的，這團體之取這樣一個無害無毒的名稱，則單是因爲當時英國法律禁止一團體和其他團體間有組織的聯絡的原故。

在十八世紀之末，英國本已有了立憲的政府。牠在當時已經過了十七世紀之中期與末期的兩次革命。牠是一般所認爲世界上最自由的國家。但種種俱樂部與團體雖許可設立，彼此間的結合則概被禁止。爲避免這禁止起見，勞働者所組織的各團體于是想出了下列的方法：卽他們爲他們自己彼此間繼續通信起見，無論什麼地方，只要可能，就設立一個「通信協會」。在敦倫該協會團體的領袖是哈底（Thomas Hardy，1752—1832）。他是一個靴匠，一個法蘭西系統的蘇格蘭人。他正是如其名字所表示的那樣一個男子。（譯者註：（Hardy）者強悍，大胆的意義。故云。）他担任這團體的組織工作，吸引了多數的勞働者，且爲之多方斡旋其開會，集合等。同時加入這協會的勞働者，因爲產業革命正已把舊工場手工業的生產加以蝕廢，故大多數又都是靴匠裁縫匠等類的人。而裁縫匠普勒士(Francis Place)的名字，在這兒也應舉一舉；因爲他也是後來英國勞働運動史上的一要脚。此外自然還很多，然大部分也還是手工業者。只有荷克羅甫(Thomas Holcroft)(1745—1809),是靴匠又是詩人。是評論家又是雄辯家,且在十八世紀之末占過重要的地位,當特別記取。

在一七九二年法國正宣布「共和」時,這「通信協會」曾利用倫敦法國大使的援助,對革命國會寄過一篇賀辭,表示同情。這賀詞是國際的團結與同情之最初的表現,曾給該國會以深厚的感印。因爲那是從英國民衆寄來的,那兒的支配階級對法國正這樣地表示憎惡。革命議會于是作一特別的決議以答之;結果「協會」和牙哥班黨的這種關係,遂爲英國當時寡頭政治所藉口。「協會」大受壓迫,哈庇和其他,更不知受了若干苦痛。

在英國的寡頭政治,因爲恐怕失却其支配權起見,對新興的勞働運動,自然拚命也要取激酷的方略以謀對付。所以種種的集會結社,在素來有錢的布爾喬亞分子所認爲絲毫也不違法的,即手工業者起來組織之,法律上也不能禁止的,——到一八〇〇年乃都被禁止了。尤其是各種勞働團體素來彼此取過聯絡的，現在特遭迫害了。一七九九年，法律特別規定英國國內一切勞働團結皆不許可的條文。從這年起至一八二四年止 英國勞働階級的集會自由結社自由遂全被剝奪。

于是再回到一八一五年來了。那以破壞機械爲唯一目的的「拉帶特運動」，至此自然更依其進一步的覺悟以繼續鬥爭。同時新的革命團體，亦在變革政治條件的決心之下開始了運動。——這政治條件是勞働者素被強制屈服于其下，生存于其下的，他們于是第一個要求就爲集會自由，結社自由，出版自由。一八一七年全年都在這強烈的鬥爭中迎送着；一八一九年可惡可憎的「滿竭斯特虐殺」(Manchester Massacre) 一起，鬥爭遂更達于頂點。這虐殺是在聖彼德 (St. Peter) 之野執行的；故英國的勞働者，命其名爲「彼得盧之戰」(The Battle of Peterloo)，大隊的騎兵向勞働者攻擊，小衝突之後死者數十人。跟着新的「勞働運動鎮壓法」即所謂「六條例」(又名「猿轡法」(Gag Laws)，又發布了。革命的鬥爭于是遂更猛烈。一八二四年，依普勒士(Francis Place一七七一——一八五四)的參加——他曾一次離棄其同志而變成一個資本家。不過和衆議院急進分子還保着聯絡——，勞働者才獲到了有名的「團結法」(Coalision Laws。一八二四——二五)的勝利，換句話，即政府對革命運動讓了步。此後勞働者遂得據以組織團體與組合(工會)，以防衛自己，以反抗雇主壓迫，以謀得到好點的待遇高點的報酬，而不復受政府非法的抑壓。這就是英國勞働組合運動的發端。同時政治的團體也跟着誕生了。普通選舉的鬥爭也因以開始了。

這時候在法國，則拿破崙在一八一五年一敗塗地，路易十八世(Louis XVIII)的「布爾邦王朝」(Bonrbon Monarchy)又出世。「復古運動」也從這時候開始，以後略約繼續了十五年。同時路易之得王位因係藉外國干涉之助(俄皇亞歷山特一世)，故對革命時代受過苦痛的地主特加讓步。雖然土地不再能反歸他們，仍屬小農，但他們卒得了十億法郎的賠償以爲慰藉。王權并且盡其全力以阻抑各種社會的•政治的，關係之發達。同時對布爾喬亞西雖沒辦法讓了許多步，也還是不斷地想收回去，結果因自由與保守二派的鬥爭，「布爾邦王朝」遂不得不又遭逢新革命——卽一八三〇年七月所勃發的所謂「七月革命」(July Revolution)。

在英國，十八世紀之末因法國大革命而激起了勞働運動的英國，現在依這「七月革命」又得經驗新的騷亂了。卽要求選舉權擴張的運動非常猛烈起來了。按照英國素來的法律，這選舉權本來是全人口中極少數的大地主所獨享；大地主的管轄區內常只有兩三個選舉人——卽人口稀薄的選舉區(所謂「腐敗選舉區」“(Rotten Boroughts”)

——亦得選出代議士到「巴力門」去。

但地主貴族的二大派，卽二有力的政黨——保守黨(Tories)與自由黨(Whigs)，現在也沒有辦法，只好屈服了。自由黨比較多帶些自由主義的色彩，覺得妥協及將選舉法改正都有必要，乃向保守黨疏通。于是工業布爾喬亞西遂獲得了投票權，勞働者則仍被拋在九霄雲外。自由主義的布爾喬亞西旣這樣不忠實（前「通信協會」員普勒士也是這其中對勞働者不忠實的一個），勞働者於是在幾次失敗之後卒組成了一個「倫敦勞働者協會」，以報復之。這協會有許多有能力的人作指導。最有名的就是羅菲特(William Lovett)一八〇〇——一八七七)與黑塞寧呑 (Henry Hetherington) (一七九二——一八四九)。一八三七年，羅菲特與其同志編成了勞働階級的根本的政治要求。他們很希望把勞働者組成一個別的政黨。不過他們也不是想組成一個具特殊綱領•較其他政黨特別不同•

的勞働黨；僅以爲在英國政治生活上，勞働者應有一個和別的政黨一樣發揮其勢力執行其任務• 的黨罷了。自然，在布爾喬亞的政治環境當中，他們所求的黨是勞働階級的黨。但他們沒有一定的目的，沒有提出任何特殊的經濟綱領以謀反對全布爾喬亞的社會。我們只要記起澳大利加或紐西蘭的勞働黨，就可以充分瞭解他們的性質；澳紐的勞働黨也是不以根本變更社會條件爲目的的。有時候且爲謀部分的政治勢力之保障以求勞働不失業起見，和布爾喬亞的各種政黨相提攜亦所不惜的。

羅菲特與其同僚將勞働者的要求編成了以後，復記載之于「憲章」(Charter) 上，故其運動被稱爲「憲章黨運動」(Chartist Movement)。憲章黨提出了六個要求：普通選舉，無記名投票，國會每年改選一部分，議員發給歲費，議員的財產資格廢除，選舉區域均一，等。

這運動開始于一八三七年，時馬克思十九歲，恩格斯十七歲。迨這運動到高潮時，二人都已成了大人。

法國一八三〇年的革命把「布爾邦」家的王位剝奪了；但起而代之的不是當時革命團體所企圖的共和國之建設，而是以「阿勒安王朝」(Orléans Dynasty) 爲代表的君主立憲。一七八九年的大革命時代及其以後王政復古時代，這王朝都是反抗「布爾邦王朝」的。菲里普 (Louis philippe) 王實在是布爾喬亞西的模範的代表。他的主要工作就是貯蓄金錢與儲藏金錢，巴黎商人對他再喜歡沒有了。

「七月王政」更對于工業的．商業的．金融的．布爾喬亞西給了自由。這是一方面助長促進布爾喬亞西的發財過程，他方面又是對于正有意于團結的勞働階級加以伔擊的。

在三十年代之初，革命團體大概都是學生與知識階級所組成，其中勞働者是極少的。然一八三一年，亦有一勞働者的叛亂，爆發于絹織業中心地的里昂（Lycn），——如同對謀叛的布爾喬亞提一抗議似的。數日內里昂市全爲他們所佔有　但他們什麼政治的要求也沒提出。他們的革命旗上只揭着『勞働以求生，不則鬥爭以赴死』的標語。結果敗北了，敗北後的一般的結果更從而出現了。即一八三四年，里昂市內暴動再發生。結果比「七月革命」猶爲重大　蓋「七月革命」所激動的大概是所謂民主主義者。即小布爾喬亞一類的人，現在這暴動則是最初表示勞働階級的重大意義的；雖尙只限于一都市，然其旗幟則明是以全布爾喬亞西爲對象，勞働階級的各種問題也已明白地提出。他們的原則雖尙沒有針對着布爾喬亞制度的根本，然各種要求已是反資本家．反剝削．的了。

這樣　于是在三十年代的中頃，法英二國的新革命階級——普羅列塔里亞特就都在戰場上登台。在英國　普羅列塔里亞特的組織問題日在企劃中。在法國也是一樣，里昂暴動之後他們開始形成其革命的團體了。這運動的最顯著的代表就是布蘭基 Auguste Blanqui 一八〇五——一八八一)；他是一個法國最大的革命家。他參加過七月革命，里昂暴動時他感覺到法國最革命的分子是勞働者，他于是和他的朋友就着手在巴黎勞働者裏面組織革命團體。別的國際分子，如德國人，比利時人，瑞士人以及其他，也被引入。活動的結果，他們且計劃過煽發一個大胆的暴動，以謀奪取政權，且爲勞働階級強行許多有利的政策。但他們在巴黎的這暴動(一八三九年五月)，結果失敗了。布蘭基被判决永遠監禁。參加了這暴動的德國人，也都同樣嘗到了失敗的苦痛。夏伯 (Karl Schapper 一八一二——一八七〇) —— 他的事情將來還會述及——和其同志，都於數日後逼着逃出巴黎。但他們走到倫敦後仍繼續工作，一八四〇年組織了「勞働者教育協會」(The Workers' Educasional society)。

這時候馬克斯二十二歲，恩格斯二十歲了。普羅列塔里亞特的革命運動發達到最高點的時候，正是他們成年的時候。

第二章

德國的初期革命運動 萊因州。馬克斯恩格斯的青年時代。恩格斯的初期作品。萊因報”的總編緝的馬克斯。

我們現在要移向一八一五年以後的德國史上去了。〔拿破崙戰爭〕已告終結。指揮這些戰爭的本來不僅是作聯合軍的中心的英國，俄德奧三國也都是。尤其俄國佔很重要的地位，「神聖的」沙皇亞歷山大一世在決定歐洲諸國之運命的不名譽的維也納會議(一八一四—— 一五)上，作主脚。這會議上締結了平和條約之後，幾多事體又發生了；其經過殆與最近帝國主義者大戰後締結了凡爾賽條約，該條約締結之後又起無數混沌，的情形完全一樣。大革命時代法國所征服的諸領土，現在又全被奪去了。英國把法國的植民地全部攙去，德國本豫想在這「解放戰爭」中得到統一，但結果祇根本地分成兩部，卽北爲德意志，南爲奧地利。

一八一五年後不久，德國的學生與智識階級之間新起了一運動，其主要的目的卽爲建設統一的德國。而第一個敵人則爲俄國，因爲俄國在維也納會議直後立與普魯士及奧地利結締「神聖同盟」以壓抗一切革命運動。亞歷山大一世與奧皇尤被認作此同盟的建設者。其實不是奧皇，而是奧國政治上的技師墨特尼希(Metternich)作主腦。但一般認爲是反動傾向的大本營的，還是俄國；故當德國的知識階級及學生間勃起自由主義運動的時候，及于全國民衆間公開鼓吹其啟蒙運動以作統一的準備的時候，滿腹的憎惡遂都集中于俄國，而目之爲保守與反動的大支柱。一八一九年，于是遂有學生删特(Karl Sand)暗殺其同國的著作家苛侧標(Angust Kotzbue)之舉，以其很有理由可認爲是俄國的偵探之故。此舉在俄國很感受了些刺激；後來「十二月黨」的人且認删特爲理想的人物。同時墨特尼希及德政府則更想藉此將德國的知識階級一網打盡。然這是不可能的，當時學生間且愈表示反抗，取攻勢；故二十年代初期德國的革命團體，都率從那裏面發生出來。

又上所提及的俄國「十二月黨」人的運動，其後該黨且擬武装暴動；然一八二五年十二月十四日卒一敗塗地。但雖一敗塗地，其爲運動則又不僅不是孤立的•俄羅斯一國的•的現象，一般的革命騷亂的影響之下，該運動且發展到了波蘭、澳地利•法國•甚至于西班牙•等國的知識階級之中。又這知識階級的運動，在文藝界也同樣發生了，伯兒涅(Ludwig Börne)就是這方面的有力的代表。他是猶太人，在一八一八——一八三〇年之間且是德國有名的著作家，而且是德國最初的政治評論家。他于德國政治思想的進步上，給過深大的影響。他是一個澈底的政治民主主義者，對社會問題則不感絲毫興趣；一切都可以做得到——只要給民衆以政治的自由，他以爲。

這狀態一直繼續到一八三〇年。那年「七月革命」震撼了法國，反響也搖動了德意志。幾個地方發生了揭竿而起的騷動；但都依憲法上若干的讓步而告了終結。政府把這在民衆間尙沒有深厚根基的運動，收拾得很快。

一八三一年波蘭革命失敗時，第二個騷亂的狂濤又在德國捲起。這波蘭革命也是直接由「七月革命」的影響來的，失敗後非常多數的波蘭革命家都逃來德國；德國知識階級，素來嫌惡俄國與同情于俄國治下的波蘭•的傾向，遂更強烈。

一八三一年以後，上述二事件的結果還引起了幾多次革命運動，雖然「七月革命」已歸失敗。我們現在回顧一下，尤其將在種種的點上像曾影響過年青的恩格斯與馬克斯•的各事件，特別注重回顧一下。一八三二年，這運動集中于南德各地，但同時又不在萊因一帶，而在拍拉濰納特（Ialatin-ate)一帶。後者和前者一樣，都是長期間為法國占有，一八一五年以後才還歸德國的。前者還歸普魯士，後者還歸反動的統治亦不亞于普魯士的巴發利亞 Bovaria)。二地方既都過慣了法國比較自由的生活，對于當時德國的壓迫憤慨到什麼程度，自然容易想到。每在法國起一次革命運動時，此地反抗政府的聲浪就必得高潮一次。一八三一年，這反抗運動更在拍拉濰斯納特的自由主義的知識階級，律師，著作家等之間大蔓延。一八三二年律師威兒士(Wirth)沮奔懷佛(Ziebenpfeifer)二人在漢巴哈(Hambach)舉行一大紀念祭。許多演說家都登台。伯兒湼也出了席。他們宣言德國當化爲自由統一的國家，力述其必要。同時他們裏面又有一很年輕的刷毛匠，名叫伯克爾(Joham Philip Pecker 一八〇九——一八八六)的，年紀大概不過二十三四歲。這人以後我們還常常要提到他；他當時對知識分子力說，僅僅煽動不爲功，大家還應準備武裝暴動。他是一個舊派裡面典型的革命家，很能幹的，後來變爲著作家。不過理論方面不見得怎樣高超，講起來他還是一個實際的革命人材。

漢巴哈的紀念祭後，伯克爾還在德國留住了幾年，其工作很像七十年代俄國革命家的工作。卽指導宣傳和煽動，爲救同志起見且主持逃監刼獄等事。他在這種方式之下，也確曾救出過幾個革命家。一八三三年，和他有密接關係的一團體(這時候他自己已被監囚)，且企圖武裝襲擊佛蘭克霍特(Frankfort)的衞兵營，以謀刼奪武器。當時國會正在佛蘭克霍特開會，學生與勞働者都相信只要武裝的暴動一起，全德國當立可聞風興起，天翻地覆。但是他們立刻被打得落花流水，敗衂無餘了。和他們一塊兒最大胆地活動過的，就算前章說過的夏伯(Schapper)。他運氣好，逃往了法國。但總之這全運動都是以長在法國統治下的各地爲中心的點，則很値得我們牢記。

同時，黑塞公國(Principality of Hease)所起的革命運動，也值得我們特記一下。在這國的領導者是歪底希(Weidig)，他是一個牧師，信仰很深的人；但對于政治的自由則懷着熱狂的同情，對于德國的統一尤拚命奔走。他設一秘密印刷所，發行革命的文藝，且竭力謀和知識階級拉攏。知識階級中于這方面特別努過力的，則要算著「單當之死」的戲曲的作者標希湼爾(Georg Büchner —

八一三——一八三七)。但他和歪底希不同，他的政治煽動文中，特注意于要得黑塞農民的同情。他爲農民發行過特別的宣傳刊物——對農民發行這類刊物算他爲嚆矢——在歪底希的印刷所印刷。但歪底希立被捕，他則間不容髮地逃脫了。他逃到瑞士後不久卽病歿，歪底希則除監禁外，且受體刑。歪底希是里布克涅希特(Wilhelm Liebknecht)的叔父，叔父的遭逢如此，故里布克涅希特是在深刻的印象中生長的。此事這兒也當附說一句。

好幾個革命家，依伯克爾的力得以越獄。夏伯和休士特(Theodor Schust r)二人逃到巴黎，組織了秘密的「亡命客協會」(S ciety of The Exiles)。這協會依休士特及當時許多住在巴黎的德國勞働者之參加，遂帶起了很明顯的社會主義者的色調。結果于是分裂。休士特所領率的一派組織「義人同盟」(Leage of the Just)，在巴黎存續過三年。其分子多參加布蘭基(Blanqui)的暴動，結果和布蘭基同其運命，概被監囚。釋放時夏伯與其同志都去倫敦，在那兒組織「勞働者教育協會」(Wokers' Educasional Society)，爲後來共產主義者的組織作張本。

在三十年代，伯兒浬以外，支配過德國知識階級的心情的著作家，還有兩三個。其中最有名的就是詩人海浬(Heinrich Heine)；他也是一個政評家，他的「巴黎通信」和伯兒浬的「巴黎通信」一樣，都于德國青年的教育上重要非常。

又伯兒浬和海浬都是猶太人。前者生于拍拉滌納特，後者生于馬克斯恩格斯所生長的萊因。馬克斯也是一個猶太人自不待說。

馬克斯是猶太人的點，後來怎樣影響過他的運命的話，此後慢慢講。

事實是這樣：在德國知識階級的歷史上，思想史上，有四個猶太人曾占過不死不滅的地位。即馬克斯，拉薩勒，海浬，伯兒浬(Marx,Lassalle,Heine,

Börne)。自然此外還有許多，但這四人最有名。尤其馬克斯和海涅之爲猶太人，和其政治的發展方向特有關係，應該牢記 當時大學內部的知識階級如有反抗壓迫全國社會政治的支配者的事，猶太人的知識階級自然更痛烈地感到自己所受的桎梏 我們如想明瞭當時德國檢査制度之爲何等峻苛，我們當讀伯兒涅。他所作的痛駡當時俗不堪耐的德國及其瀰漫全國的警察制度.的諸論文.只要稍開了眼的人，讀着也要深惡痛絕地憎恨其醜陋。尤其當時許多情形使猶太人特感痛苦。伯兒涅的青年時代是在佛蘭克霍特的〔猶太人區〕內度過的，這猶太人區所受的環境壓迫就和猶太人在中世紀黑暗時代所受的相等。同時海涅所遭遇的也不相上下。

馬克斯比較情況不同些。但像有些傳記家全然否認馬克斯受過這種猶太人的影響•的說法，則也不能認爲正確。

卡爾•馬克斯是海因里希•馬克斯（Heinrich Marx）的兒子。海因里希•馬克斯是一個律師，是受過高等教育．深具修養．的一個自由思想家。我們知道他——馬克斯的父親——是很愛好十八世紀法國啟蒙文學的，故他的家庭也像全爲法國精神所浸潤。他很好讀；并使其子對于英國哲學家羅克(Locke)的著作，及法國著作家諦德羅（Diderok）霍兒特爾（Voltaire）等的著作，感生興趣。羅克，一英國第二次革命即所謂「名譽革命」時代的思想家之一的羅克，在哲學上是反對「先天觀念論」的。關于知識的起源之研究，他是一個創始者。他說經驗是我們一切知識的源泉；觀念則是經驗的結果。知識純粹是「經驗的」；世決無什麼天賦的觀念。同時法國的那些唯物論者的立場也是一樣。他們說人們心裏一切的東西都是由感覺機關這樣那樣反映出來的。同時馬克斯周圍的環境，曾怎樣被法國唯物論者的思想浸潤過的話，則由下述的一例就可判明。——

馬克斯的父親，本已早就和宗教斷絕了一切關係，唯表面上還說受猶太教的束縛。但一八二四年他忽皈依耶蘇教，當時他的兒子已滿六歲。據默林(Franz Mehring一八四九——一九一九)在其所著「馬克斯傳」內所論證，老馬克斯之改宗，是因想在教養較高的基督教徒社會內取得社交權。但這話只有一部分是確實。從一八一五年萊因州一帶還歸德國後，猶太人的他，想避免一切新的迫害．的要求，當于此事很有作用。我們當記取馬克斯自身，雖精神上絲毫也沒皈依過猶太教，然其初期也對于猶太人問題感過很大興味。他和特勒甫斯(Treves)地的猶太人團體也有些接觸。當時猶太人提出過無數的請願書，力請政府把這宗那宗的壓迫加以停止。馬克斯的近親及其他的猶太人曾有時跑來，請他代作請願書。這是他二十四歲時候確曾有過的事。

這些事情，都是實證馬克斯絲毫也沒有避開他的同族。且對于猶太人問題有過一種興味．對于猶太人的解放鬥爭尤曾參加過的。自然這個又決不妨害他在和他能親近的貧苦猶太人．與高利貸猶太人的代表者．之間，劃一明銳的界綫。

特勒甫斯這地方——馬克斯生于此• 祖先數人曾作律法師•(Rabbi)于此——是在萊因州.萊因州又是普魯士工業•政治都極發達的州之一。現在也還是德國最大工業地中的一個。那兒有以製鐵著名的索林根(Solingen)和勒姆薛(Remscheid)二市。又有德國纖維工業中心地巴蒙——埃伯佛爾 Barmen-Elberfeld)在其間。馬克斯的生地特勒甫斯市，尤其製革工業及織紡工業皆曾發達。且是十世紀時代占過很重要的地位• 的一個中世紀的古市。且是第二羅馬，因爲是舊教僧正的管轄區。同時又是一個工業都市，「法國大革命」時尤曾發作過大大的革命病。但是這個工場手工業式的工業市，比之州北以金屬工業及棉花工業爲中心的各地的地位則遠不及。這市在莫塞爾河(Moselle)——萊因河(Rheine)的支流——傍邊，爲葡萄酒製造的中心地；古來土地共有制的遺物猶存；農民也變成了一種小地主階級，而又未染沾錙銖必計．唯利是視．的農村高利貸的劣根性；——簡言之，他們以製酒爲生，而又明白如何享樂。故在這意味上，特勒甫斯確還保有中世紀的各種遺傳。我們由三四種材料上且能推定馬克斯當時對于這種農民狀態感過興趣。他常常在各隣村跑來跑去，盡量地和農民生活相親。故幾年之後，他常示其對于農村與工業的詳細知識于其著述之中。

高等學校內，他是一個出人頭地的最優等學生，校內教員也這樣認定。我們曾偶然獲得一個紀錄，其中載有教員對卡爾某篇作文的逾格的讚賞。校員曾課之以「青年當怎樣選擇職業?」的題目。他從很獨特的方面剖解之。他想證明職業的自由選擇得未曾有，人們是生于預已決定其選擇。的環境中的，環境造成了牠們的世界觀，—— 的見解。在這兒，我們已能夠看出「唯物史觀」(The Materialist Conception of History) 的萌芽了。但這猶不過證明他受父親的影響 ——如上所述—— 甚大，吸取法國唯物論者的基本觀念甚多而止。換句話，他在這兒的顯著的獨創點，猶不過爲其對該思想賦予了獨特的形態。的一點而止。

他十六歲高等學校畢業，一八三五年進了邦(Bonn) 大學。這時候，革命的騷動差不多都停歇了。大學生活又回復到了平平凡凡的軌路。

在大學時代，他曾拚命地埋頭于自己的研究。我們得到了一個很珍奇的記錄，即十九歲的馬克斯寫給父親的信。

父親完全能夠評價他的兒子而且理解他的兒子。讀他對馬克斯的回信就足以信他是具有很高的教養的人物。在革命家的史傳上，想尋出一個父親對兒子有充分的贊同及理解，及兒子對父親能如對至友那般親密，是極少極少的事。馬克斯當時受時代精神的影響，也正在探尋哲學；——哲學是能使他對于現行政治制度及社會制度所感到不能自已的憎惡之情，得到一個理論的基礎，的學問。他于是成爲一個黑格爾(Hegel)派哲學的信徒，于「青年黑格爾派」(The Young Hegelians)的形式之下；即澈烈地破棄一切舊的偏見。且依黑格爾的哲學把政治的領域及社會的宗教的各種關係都擠于最極端的結論。的形式之下。一八四一年，他從耶那(Jena)大學得到博士學位，大學畢業了。

在這時候，恩格斯也投在這「青年黑格爾派」當中。不過他初與馬克斯見面時，是在這派中與否則不明白。

恩格斯生于巴爾蒙(Barmen)。地在萊因州北部；爲棉花工業毛織工業的中心地，距其後爲重要的金屬工業中心的地方很不遠。恩格斯則是純粹的日耳曼人，家庭也很富裕。

翻開萊因一帶地方的商人與製造家的系譜看時，恩格斯的家很占相當地位。那上面載有恩家的章紋。那些商人都和貴族差不多，都是具有門閥的，故都能自有章紋。而恩家的章紋則爲其祖先。于其所持的楯上彫一手握橄欖枝的天使。的圖形。這是一平和的象徵，表現其族中某一有令名的後裔曾享過平和的生活。及該後裔所憬憧的東西的。恩格斯則抱此身分與紋章而生于世。此楯幷且非常像是因“Engel”這個名字暗示德國所謂「天使」(Engels)，因而選用的。又這族之爲名門，由其起源之可遠溯及于十六世紀。的事實，亦可判證。而反之，馬克斯的祖父是何等人我們就無由得知了；所可知的，只是其一家是猶太族中的律法師。一點而止。換句話，關于他的家事，看記錄也無法追溯到兩代以上，故素來對于他家感興味的人就沒一個。而恩格斯則反之且有兩個不同的系譜。據一種材料說，恩格斯是一個新教徒．優格諾（Huguenot）地的．隱匿于德國的．法人 L' ange 的遠裔，在和恩格斯較爲近親的人們則否認此說；說他不是法國人的血統，其素性全是德國人的．但這些都不管，總而言之在十七世紀時，恩格斯的家是一個舊而根基很固的織製布帛的老家，後來故遂成爲紡織業家。且廣汎地做國際交易，非常富裕。老恩格思和其友人埃兒曼（Erman）不僅共同在故鄉設有紡織工場，而且在滿竭斯特（Manchester）也設得有。—— 他成了一個英德二國的紡織業家．

老恩格斯又是一個新教徒。雖然是新教中「福音主義」一派（Evangelist）的人，却又很奇妙地使人覺得像個老「卡豐派」的信徒（Calvinists）；他一方面宗教的信心很深厚，但同時他方面還有一同樣深厚的信念：卽人們在這世上的要務就是由工商業以取得金錢且儲蓄之。他的生活是狂熱的信教生活．離開商務及其他俗務時，一切的時間他都獻之于虔修默念當中。唯其爲此，故他家的父子關係和上述馬克斯家的父子關係就截然兩樣。極短期之間，父子的思想就衝突；父本决心想子學商，故從小卽以商人精神育訓之。子在十七歲的少年時代，卽被送往德國最大的商業都市——布勒蒙 學生意。而在那兒一商店內，強被學習了三年。我們看他那時候寫給窗友的信就知道，在那種氛圍氣之中，他曾怎樣努力過想脫離那種影響。他去的時候是一個宗教心很濃厚的少年，但不久卽墜在海涅與伯兒涅的權威支配之下。十九歲的時候他已是一個作家，且成爲德國熱愛自由民主主義的使徒，而鳴于世。他的第一篇作品是用"Iswald"那樣一個假名發表的，非常引起了一般的注目。內容則爲惡罵著者——他自己——幼年時代的環境的。他的這種「烏柏塔爾通信」(Letters from Wupperthal)掀起了強烈的印象。誰也容易感到那是生長于該地而且對該地的人民有充分瞭解的人所做的。——總之他在布勒蒙居住之中，他完全脫却了素來一切宗教的先入見而發展成爲一個古時法國的牙哥班黨員了。

一八四一年二十歲時，他以志願兵而進了伯林近衛砲兵團。在那兒他也加入了當時馬克斯所屬的「青年黑格爾派」。他成了黑格爾哲學最左派的黨員。在當時一八四二年時，馬克斯猶方埋頭于研究以備他日作大學教授；他則自一八三九年已着手著作，用其素來的假名，在文壇上已聲名藉盛；并且極活潑地參加了當時新舊兩派哲學門徒的觀念鬥爭

一八四一與四二年，柏林住有一大批的俄國人，卽巴枯寧（Bakunin），倭加勒甫（Ogarev，）佛羅羅甫（Frolov）等及其他。他們對于馬克斯恩格斯所熱中的哲學，也非常熱中。這事實之確實的程度如何，由下述的一個揷話可以知道。卽就是一八四 年恩格斯寫了一篇論文，痛烈地批評黑格爾

的敵人——歇林 (Friedrich Schelling)• 的哲學.而歇林當時又正是普魯士政府特聘之來伯林,使持其調和聖經與科學的哲學以與黑格爾哲學相鬥抗的。那恩格斯所發表的思想,既與當時俄國批評家畢寧士基 (Bielinsky) 的思想.及巴枯寧素所發表的各論文.如是其相似,故直到最近,猶有人以爲恩格斯當時爲反對歇林的「天啟之哲學」(Philospһy of Revelation) 所著的小册子是巴枯寧著的,——其相似直到這種程度。但到現在,我們知道那是錯悮了,不是巴枯寧著的了。雖然二作家的表現形式,選取題材,以及其想確建完整的黑格爾哲學而提示的論證,等皆如是其非常相似,致無疑義地過去現在都還有許多的俄國人以爲是巴枯寧的手作。

這樣下去,故恩格斯到二十二歲時,已完全變成了抱極端急進的傾向.的一個純粹民主主義的著作家。在其某一滑稽詩中,他且曾描寫自己如一個熱狂的牙哥斑黨員。故在這點上，他實是使人想起他是對法國革命特別深刻地受過感動的唯一的德國人。依他自己的告白，他所歌的一切都是"Marseillaise"(法國革命歌)，所喧求的一切都是斷頭台。——一八四二年的恩格斯，實是這麼一個樣子。馬克斯當時的心境，也大概相同。該年，二人到底走上了共同的一條路。

馬克斯在一八四一年八月大學畢業，且得了博士學位。最初他想耑門研究哲學與科學；但當他的恩師而兼良友的包埃爾(Bruno Bauer)，因是「青年黑格爾派」的指導者，在大學裡曾攻擊御用神學而被免職時，他也就放棄這想頭了。

差幸這時運氣還好，有一地方聘他去辦報，當編輯。即萊因一帶地方比較急進的商工布爾喬亞西的代表者，早就曾決心想辦一自己的政治機關報。那時萊因地方最重要的報是「克倫日報」(Cologne Gazette)，克倫(Cologne)又是該地方最大的工業中心地。而「日報」對政府又總是一味阿媚屈服。于是急進的布爾喬亞西乃要求辦一個自己的機關報以反對這東西，而防護自己經濟的利益不爲封建諸侯所蹂躪。但是資金雖容易集，有力的主筆則缺如。當時資本家所辦的報，率落在急進的文人手中。其中尤其黑司（Moses Hess一八一二——一八七五）最著。他比恩格斯馬克斯都年長，和馬克斯一樣也是一個猶太人，不過早就和他有錢的父親斷絕了關係。他不久也加入了這解放運動，在三十年代時，已主張過要保政治的文化的自由時，諸文明國應締給同盟等等。一八四二年受法國共產主義運動的影響，復加入了共產黨。——這樣于是「萊因報」(Rheinsche Zeitung)的優秀的編輯當中，有了他和他的朋友了。

但那時候馬克斯還在邦(Bonn)。長期間都還是寄稿者的地位，雖然已發生了很大的影響，建樹了很大的勢力。漸次則更躍到了第一流的地位。結果，報之發行雖僅限于萊因的工業中等階級間，然實際上報已成爲伯林最年輕最急進的著作家團體的機關報。

一八五二年秋，馬克斯搬到克倫，且立給這日報以一新傾向。他反對他伯林的同志，連恩格斯都在內，他主張對現行政治社會狀態的鬥爭，還應沉着些，還應澈底鬥爭。他不像恩格斯，少年時候他就沒受過什麽宗教上的束縛與智識上的壓迫；故他對于當時宗教的鬥爭不大關心，且以爲爲痛烈地批評宗教而花費自己的全部精力太不必要。在這點上，他是以爲與其作表面的鬥爭不如作本質上的鬥爭的。并且他認爲想保此報紙爲急進的機關，這策略且絕爲必要．但恩格斯這時候則和主張立對宗教下殘酷的攻擊爲是．的一派人，反較爲接近。這種相同的意見齟齬，在一九一七年末與一九一八年初俄國革命家之間也發生過。即一方面要求立要澈底地對教會下攻擊，他方面則以爲這不是本質的東西，比此還重要•非急解決不可• 的問題還多。當時馬克斯•恩格斯•及其他年青的思動家之間的意見爭持，也就是這樣一回事。他們的爭持，在馬克斯以主筆的資格致其伯林同志的信札中表現過。卽馬克斯堅強地擁護自己的戰略。他用力說勞働羣衆的慘狀問題爲急要。他對于當時禁止自由砍伐樹木的各種法律，加以最嚴厲的批評。他指摘那些法律的精神都是有產的地主階級的精神，而地主階級則正用其一切詭計以剝削農民，且故意製出許多法令以謀陷農民于罪，在他的那信札中，他且爲其舊識的莫側兒農民作辯護；他作這樣一些社論，遂和萊因的地方官惹激烈的爭論。

地方官更于伯林加之以壓迫。報紙于是受二重檢查。同時當局發覺了馬克斯是該報的靈魂復逼着報館罷免他的職務。新檢查官雖非常尊敬這聰穎而又輝煌的政論家——因爲他能非常巧妙地避開檢查的妨害——，但還是不斷地向發行幹部，尤且向不出面的報社各股東，說馬克斯的壞話。于是股東中就有些人感覺着：注意一點．以避免一切的麻煩問題．之爲得策。然馬克斯拒絕此見解，不與默從。他認爲事到如今緩和下來也無効，政府決不會就這樣容易和平下去。最後他于是自動辭職，退出報館。果然，他雖辭退，報館還是不久即被逼停刊。

退出報館之後的馬克斯，完全成了一個別樣的人。他進報館時，本完全不是一個共產主義者。不過是一個急進的民主主義者，對于農民的社會狀態乃至經濟狀態感興味而止。但他漸漸變成對于和農民問題有關的基本的經濟問題，拚命研究的人了。他從哲學與法律學一轉而鑽入經濟問題的精詳特殊的研究之中了。

加以他又新和一保守派的新聞，因黑司一篇文章的事情發生了爭論。（黑司是一八四二年介紹恩格斯改信共產主義的）。在他以爲該新聞無攻擊共產主義的權利。他說『我不曉得共產主義。但以擁護被壓迫階級爲職志.的社會哲學，不是這樣容易詰難的。人們在其敢于責難之以前，先應自己對于思想的傾向加以澈底的認識.才對!』并且在他離開「萊因報」時，他還不是一個共產主義者,不過他也已認這是代表一特殊思想的一特殊傾向，而對之感起興趣了。最後，他與他的友人盧格（Arn·old Ruge一八〇二——一八八〇）才都得了一個結論，就是在德國想作政治的與社會的宣傳到底不可能。他們于是決心到巴黎去(一八四三)，在那兒發行一個「德法年鑑」（Deutsch-Französichen Jahrbücher, Franco-German year Book）。在這名稱之下，他們想反抗法德二國的國家主義派，想力論要打倒反動派時，兩國當密切地結成政治同盟，才是鬥爭上的成功條件，之旨。在這年鑑(1)上，馬克斯才將其將來的哲學的基礎各原則，加以公式化，定型化。其中，一個急進的民主主義者如何進化成一個共產主義者的過程，明白地可以看出。

(1.)只出版兩冊，都在一八四四年。

第三章

科學的社會主義和哲學的關係。唯物論、康德、菲希特、黑格爾、浮爾巴哈。辯證法的唯物論、普羅列塔里亞特之歷史的使命

我們對于馬克斯恩格斯的生涯，的這個研究，是依着他們自己所發達所應用的科學方法的。他們雖是天才，然也是一定的歷史因素所作成，和一

切的人們一樣。在他們成人時，換句話，在他們漸次脫離家庭的直接影響時，他們立刻就被捲入歷史的時期的漩渦中。這漩渦第一是依「七月革命」對德國所生的影響，第二是依科學與哲學的長足進步，第三是依勞働運動與革命運動的生長，而具其特色的。并且二人不僅是一個一定的歷史時期的產物，在其出身上又是一個特殊地域的產物。萊因州是德國最國際的。最工業化的。而且在法國大革命之中最爲其影響所曝洗的。在其初年，馬克斯所受的影響和恩格斯不同；馬克斯的家庭在法國唯物論者的支配之下，恩格斯則育成于宗教的誠虔信仰的空氣之中。這個不同，後來反映到他們的發達上。宗教問題之于馬克斯，决未如在恩格斯之沉痛與深刻。不過結局則二人異途同歸；即一由易途，一由迂途，達于同樣的結論。

我們現在說到二人的經歷的點上來了，即達到二人如何做到當時最急進的政治的哲學的思想之代表•的點上來了。馬克斯之組織化定型化其新思想，是在「德法年鑑」時代。但這二十五歲的馬克斯，其思想中究有一些什麼是新的呢？——要把握這個，我們當將他在哲學領域內所發見的東西先加一瞥。

恩格斯在其所著的『空想的社會主義與科學的社會主義』(Socialism, utopian and Scientific)的序文(一八八二年九月二一日)內，說：『我們德國的社會主義者很自誇耀其源流不僅是來自聖西門(Saint Simon)傅立葉(Fourier)與倭文(Owen)，而且來自康德(Kant)，非希特(Fichte)，黑格爾(Hegel)』。在這兒恩格斯沒有舉出浮爾巴哈(Feurbach)，雖然後來他爲這哲學家特著了一本書。——但總之我們現在到了進一步研究那科學的社會主義之哲學的起源的時候了。

玄學的基本問題之一，是根本原因，「第一原理」，先于此宇宙而存在的東西。——卽我們俗所呼稱之「神」•的問題。這「造物主」，這「全能者」，這「全能的唯一者」，在種種不同的宗教能以種種不同的形式臆斷之。即他能于全能的天帝之形以顯聖，無數天使侍從于其傍。又能讓其權力于法皇，僧正及牧師等之手。有時候又能如一開明良善的國君，承認憲法建創一切支配人類與自然的法律，而又不干與政事，不混入其他業務，僅依其下民的愛敬即能滿足，——總而言之，他能于多形多樣的形態之下顯示他自己。但是這樣一個神以及其他許多小神，我們如一旦承認其存在，則我們又當依而承認一神聖的東西在某一鮮麗的清晨高呼『世界其速出現！』該世界即立出現。的事實，以及該神聖的東西之爲實在，等等了。——這樣，則創造我們的世界。的思想，意志，乃至心思，都是存在于我們這世界之外。的別的什麼地方了。我們再也無法無能追究其所在了——其秘密既曾沒有任何哲學家詔示給我們知道過，這第一個實在體，創造一切存在。觀念，創出物質。意識，決定一切存在。在其本質上，這「第一原理」之顯現，雖披着哲學的外衣却還是舊神學的新裝之再現，其爲上帝(Lord of Sabaoth)，天父(Father)，天子(Son)，聖靈(Holy ghost)，則一。有的人呼之爲「理性」(Reason)，爲「言」(Word)，爲「道」(Logos)。『太初有道(Word)』。道 (Word)生萬物(Being)。有道而後有世界。——他們說。

但這「太初有道」的概念，喚起了十八世紀唯物論者的反對。他們旣攻擊當時舊的社會秩序——封建組織，他們自然就必代表一新思想，一新階級——即革命的布爾喬亞西。而舊哲學，對于這新東西——對于這無疑義地是區別今與古的．區別新時代與前時代的這新東西之爲如何發生下來的問題，竟不給以一個答復。

心神，觀念，理性，——這些東西都有一個至大的缺點，就是都是靜止的，恒久的，不變的。而反之經驗則詔示着世上一切東西皆無常。「實在」(Teing)是體現于千種萬樣的形態當中的。歷史和現代生活．旅行和發見等，既啟示了一個這樣豐富，這樣多形．這樣流動．的世界 則在這一切事實之前，靜的哲學實在無再生存的餘地。

故根本應該決定的問題是：一切這樣的多樣性是從那兒來的？這種複雜性從何而起的？這種時間空間裏的微妙的違異是怎樣生的？一個根本原因——即恆久不變的神——如何能爲這些無數變化的原因？——等問題如仍不 決定而僅素朴地說明謂爲都是神意，則再不能滿足任何人了。

在十八世紀之初——雖在十七世紀人們已很強烈地感覺——，人類間的各種關係起了非常急烈的變化，而且這些變化本身又都是人們的活動之結果。故對于素謂爲萬物之根原的神，更深懷疑。因爲我們如只從時間空間兩方面去說明萬物的多樣性，我們將什麼東西也說明不了。并且我們要說明的不是萬物的多樣性，而是萬物的差異性；該差異性又只有依萬物皆是在不同的環境之下所產生•不同的原因之下所影響．故皆不同．的前提，而後能說明的。換句話，每個差異都只能依其特殊的．獨自的、原因去說明；依其產出時所受的特殊影響去說明的。

英國的哲學家，因爲早就碰着了急激發展的資本主義與兩次革命．的實際經驗，故他們敢大胆地對于那所謂超人的神力——對這些事件應負責任的超人的神力，提出疑問。同時人們內在的觀念概爲一個「第一原理」的產　的話，也從革命時期中結晶起來，的嶄新而又相剋、的各種思想的雜亂上看來，至堪懷疑．

法國的唯物論者，則對這同一的問題更大胆地提出．他們否定了那超現世的神力，否定了那神力不斷地關心「新歐羅巴」的事情，否定了那神力孜孜于萬事萬物的運命之創造．在他們，以爲在人們的存在中，歷史中．所能看得出的一切的東西，都是人們自己活動的結果。

但法國的唯物論者，又還不能指出或說明：究是什麽決定人們的行爲。雖然他們亦已確認了歷史決非神或其他外部的力所作成。這兒于是存下了一個他們所不能調解的矛盾。卽他們知道人們的行動是不同的，因爲人們的利害各不同，意見各不同。但這利害上意見上的各種不同的原因，他們又不能識別．不待說他們也會把這原因歸到教育之不同及養育之不同．上面去過；而且這個也很正確。但是決定這教育方式與養育方式的又是什麽呢?——到這兒他們于是更再走不通。在他們，以爲社會．教育．及其他．的性質，是由人們．由立法者．由欽定者所製出的法律，而決定的。這一來，立法者于是被他們引升到了裁決人們的行動．指導人們的行動．的最高的地位了。其權力也和神差不多了。但同時這一來，然則什麽決定立法者的行爲呢?

——的問題又來了。對此他們更不知所以爲答。

當時還有一個問題，討論得很利害。就是法國啟蒙運動初期，有二三哲學家都是自然神的信者。他們講：『不待說，我們所信的神一點也不像殘酷的希伯來神，也一點不像基督教的天父，子，及聖靈等。但是我們還感覺一種精神的原理，這原理曾給物質以思考的能力；及感覺一種最高的力，這力曾先于自然而存在』。而唯物論者對這個的答復則僅爲：假定一個外界的力是沒有必要的；感覺是物質之自然的屬性；——二語。

一般地，科學．尤其自然科學，在法國唯物論者想完備其思想時，尙沒有充分發達。但是他們雖求不到科學的實證，却也達到如上所述的根本問題了。

個個唯物主義者都排斥意識——精神——之先存于物質與自然之說。蓋數千年乃至數百前年之間，在這地球上曾沒有什麼東西和有生命的有機物極相擬似的事發生過。換句話，即所謂精神，意識那類的東西，在這兒根本就不存在。——更換句話，存在，自然，物質，是先于意識．先于靈與精神．而存在的

同時又不要以爲「物質」是必然地粗俗的東西，煩厭的東西，不潔淨的東西。而「觀念」反是什麼微妙的．靈奇的．純潔的東西。許多人，尤其是卑俗的唯物論者及有時單因爲年紀尚輕的原故的人，一方面對于沉醉在布爾喬亞的齷齪與卑鄙之中而猶口口聲聲好談『高尚而美的東西』的觀念論的僞君子固表示憎惡，他方面自己亦于不知不覺之間常主張物質是笨重而粗俗。

這不待說是錯誤的見解。我們百五十年來已滿學得物質是非常靈奇而又可動的東西了。自「產業革命」把舊來遲鈍的自然經濟的基構顛覆了以來，一切的東西都成了動的了。睡着的東西醒了；靜止的東西被搖起而活動起來了。堅硬而像凍結

的物質之中，亦發見新的力了，現出新的種類的活動來了。

法國唯物論者的知識之如何不充分，由下引的事實可以診判。譬如荷兒巴格（d' Holbach）在其著述『自然之體系』時，其對于現象之本質的性質．的知識 較現在初等小學的畢業生還不如。空氣他以爲是一個原素。和他兩千年以前的希臘人一樣，他對于空氣僅知絲些。在他該主著出世以後，不數年化學就證明了空氣是窒素酸素及其他種種要素的混合物。百年以後——十九世紀之末，則化學更于空氣之之中發見 argon 及 helium 等等瓦斯了。不待說那是物質！但并不見得那麼粗雜！

還有一個例。譬如我們現在都喜歡用 Radio 與無綫電報。那都給我們以很大的用處。如果沒有的話，恐怕我們都得暗中摸索。但問其發達則爲比較很近——二十年左右的事。換言之，即一八九七年或一八九八年，物質才顯示其非物質的屬性，并且顯示得那麼利害，使我們不轉向匈度教（Hingdco）的神學去，幾不能發見一學術語以描述之。Ra lio是傳達符號與音聲的。我們坐在莫斯科能享受數千里外音樂演奏之悅耳。而由R adio 以傳達人像的話，更是我們最近才聽到的。——一切這一類的奇蹟，幷不是由什麼「精神的」力幹出來的，都是由維精維妙而又由人力可得而測知可得而支配.的物質幹出來的。

上舉各例，不過是爲證明物質與非物質二概念之不復適用．而引出的。其實那些概念在十八世紀，已經較此還不堪用了。使那時的唯物論者，能隨意全部獲得近世所發見的各事實，他們當不至那樣「粗枝大葉」，也不至妨碍一些人們的感受性，

和康德（Immanuel Kant 一七二四——一八〇四）同時代的德國哲學家，都守着正統派的見解。他們都排斥唯物論，以爲是不認神及不道德的

東西。但康德則不能滿足于這種單純的解決。他充分明瞭傳統的宗教思想內容之薄弱。但他也還沒有充分的勇氣與充分的澈底精神去決定地和這古物脫離。

一七八一年他的主著『純粹理性批判』(Critique of Pure Reason) 出版；在其中他以最明確的態度認定一切知識都是經驗的；神的存在，靈魂不滅，絕對觀念，以及其他同類的東西，都無從實證。他說我們不能認知物自體，物本體。我們只能認知物形式——即物的本體顯示于我們官能之前的形式。凡物的本體 (Noumenon) 都隱在其形式 (Phenomenon) 之後，並且是永近藏在不可知的領域之中的。他的這種說法，很像是于唯物論與唯心論之間，科學與宗教之間，架一過渡的橋。他固然沒有否認科學在研究現象說明現象上的成功；但他還為神學留一地位。即呼本體之名為神。

他在這種複式薄記法上，即在使科學和宗教

都不憤慨的用意上，他還進了一步。即在他的第二著『實踐理性批判』(Critigue of Practical Reason) 當中，他還想證明神與靈魂不滅等概念在理論上固不一定必要，但在實踐上則人們不具備之。行爲將缺少道德的基礎。

詩人海涅是馬克斯的朋友，有一個時候馬克斯還給過他以很大的影響；他曾鮮明地描寫過康德這水陸雙棲的動機。康德有一年老而誠虔的僕人，名蘭泊（Laupe），侍奉康德垂四十年。在康德看來，這蘭泊正是普通無宗教即不能生存一類的人的代表。故他于著『純粹理性批判』之餘，和神學鬥爭．和神的原理的信仰鬥爭．而光輝地說明其該著之革命的意義之餘，還得爲蘭泊著這樣一本『實踐理性批判』，將一切毀棄過的東西再建起來。關于此事海涅曾描寫之曰：

『悲劇完了之後，滑稽劇上演了 康德登台，歷來本如一個嚴格不可假借的哲學家；他闖天宮 把一切天神天將都屠了；世界的支配者失魂𠃌魄地漂蕩于他的血中；什麼慈悲也沒有了，慈父樣的善良也不見了，現世的苦勞所期望的來世的報償也不聞了，「靈魂不滅」在其最後的苦悶——死亡的瞬間悲鳴着，呻吟着。但年老的蘭泊手裡持着雨傘，悲苦的傍觀者的樣子站在他的傍邊，額上頰上滿流着煩惱的汗，悲痛的淚。康德于是覺得太可憐了，從而于是遂不僅如一大哲學家的樣子登台，而且如一善人好人的樣子登台了。他再想了一想；乃半自然半刺諷地說：「老蘭泊不可少一上帝，否則這可憐蟲就無從得到有生之樂，人們在這世上實在應該有這樂趣的．實際的常識不是這樣宣言麼？好罷，管他媽就讓實踐理性去保證神的存在罷」(1)。

(1)Heinrich Heime全集，W. Heineman，倫敦，一九〇六，第五卷，一五〇——一五一頁

康德同時在科學方面的影響也極大．他與法

國天文學者拉普拉士（Pierre Laplace 一七四九——一八二七）都這樣說過：聖經上關于世界創造的說明不對，地球是長期發展與繼續進化的產物，和一切天體一樣，是由非常稀薄的物體漸次凝結而成的。

但康德本質地是新舊哲學的媒介者，中間物；在實際生活上，他大致還是一個妥協者。他雖不能完全地離棄舊的，但也大大地向前走進了一步。比他還終始一貫的門徒，于是丟開『實踐理性批判』，端從其『純粹理性批判』當中導出最極端的結論來了。

哲學家菲希特（Johann Fichte一七六二——一八一四），對拉薩勒給過很大的影響，對馬克斯或恩格斯則不多。但是他的哲學之中有一要素，——有一在康德體系中極端輕視，而在德國革命的知識階級上則起過大影響的要素。即康德是一個和平的大學教授。數十年間一次也沒想過出他所愛的Königsberg的境界以外一步。菲希特則反之，不僅是一個哲學家，在其生活之實際追求中且是一個行動家。他所領入于哲學之中的，實在就是這行動要素 他提出「絕對的自我」的觀念以和舊的領導人們的行動.的外力觀念相對立，結果于是人們的人格與行動遂得一變而爲一切理論與實際的原動力。

但是比任何哲學家還曾多給有力的影響于馬克斯與恩格斯的，還是黑格爾(G. W. F. Hegel 一七七〇——一八三一)。他的哲學是以批判康德哲學及菲希特哲學爲根據的。他在青年時代，也是一個對法國大革命熱心贊信過的；但到晚年則做了普魯士的大學教授，政務官員，其哲學遂亦爲[文化的]支配階級所最褒賞。

這一來，自然黑格爾的哲學爲什麼成了馬克斯恩格斯拉薩勒等感動的源泉•的問題要起來了.換句話，黑格爾哲學之中有什麼東西能這樣將那些社會思想革命思想的最優秀的代表，都横拖直拉地拖拉進去呢？——

蓋康德的哲學，自其大體上說是形成于法國大革命以前的。大革命發動的時候，他已經六十五歲了。自然他也起了同情的感動，但他還是于其習慣了的妥協與調和的結論以外；不能再進一步。他對這地球的歷史的見解，如上所述是很採用進化的觀念的；但他的哲學系統關于宙宇的說明，還是脫不了舊來的糟粕。

黑格爾則不同。在十八世紀之末十九世紀之初，那種巨大的經濟政治變化時期的經驗中，通過下來了的他，觀察宇宙與說明宇宙皆當作是一個不斷發展的過程。宇宙間沒有不動的東西。「絕對觀念」唯于永不停止的運動——發展——之中才能生存與顯現。一切的東西都流動，都變化，都消失.「絕對觀念」之無停止地運動及永遠地展開，乃決定世界進化，乃產出形形色色多種多相。我們想理解自己周圍的現象時，不可僅就其現存的外表色相而研究之即爲已足，還須瞭解其如何發展下來的經過才成。因爲我們周圍的東西，都是過去發展的結果。并且倏眼看起來活像在不動的狀態的東西，多少精査一下亦知其中包含得有不息不斷的運動與鬥爭，多種多樣的影響與力勢，有的傾向想保持之，有的傾向想變化之，等等在內。個個現象與對象中都有兩個原理的衝突，即「正」(Thesis)「反」(Antithesis)的衝突，保守與破壞的衝突。這二相反原理間的衝突，又歸于最後的「合」(Synthesis)而得到調和。

這是黑格兒哲學所特有的表現法。「理性」「思想」「觀念」，都不是不動的；都不是膏固于一個原則的；都不是停滯于「正」的一方面的。反之「正理」思想等都是自擾自碍不能自克必得分裂成積極消極•「是」「非」•二相反觀念的。[反」理之中包含向「正」理方面的鬥爭，二者的鬥爭乃產出運動。

黑格爾爲高調這鬥爭要素起見，因名之爲「辯證法」(Dialectic)。這辯證法，這鬥爭結果，即是調和，即是平衡。這相反的二觀念的融和又形成新觀念，即其綜「合」。這合又復分成二相反的觀念——「正」變成其「反」，「正」「反」復融成于「合」，以是辯證地發展不息。

黑格爾認爲一切現象都是過程，都是永遠變化，永遠發展的東西。個個現象不單是過去變化的成果，而且其自身內部含有將來變化的芽種。隨在什麼階段中都不停止。得到了的平衡復爲新鬥爭所破壞，而導成于更高的調和。導成于更高的合。導成于更進一層的「對生」(Dichotomy)于更進一層的平面之上。唯其如此，故相反物間的鬥爭，乃爲一切進化發展的源泉。

這兒于是黑格爾的哲學乃含具革命的潛在性了。他雖然是一個觀念論者，他的哲學系統雖然是植基于「精神」而非植基于「自然」，于「觀念」而非于「物質」，但他對于一切歷史社會學還是給了很大很大的影響，就是對自然科學也是一樣。他刺激過人們去研究現實。他感動過人們去研究那「絕對觀念」在其展開過程中所賦取的各種形態。那「絕對觀念」所藉以發顯自己的形態愈多時，應研究的現象與過程也就愈衆。

黑格爾哲學的其他各方面，我們在這兒將不述及；雖然述及時可以使其哲學在更精審的現實研究上能給那麼有力的刺激.的點更爲明瞭。同時他的門徒愈在其先師所展開的辯證的方法之光明與導領之下去研究現實時，也就愈明晰其先師哲學之有根本缺點了。因爲先師的哲學是唯心的哲學；在其中還是認「絕對觀念」爲原動力，爲造物主，爲決定一切存在的東西。先師的哲學體系中旣有此缺點，故自然要喚起他們後人來批評。所謂「絕對觀念」很像舊來的「神」的翻板；這種無形的神很像和過去霍兒特爾(Voltaire)那些哲學家爲自己起見，尤其爲羣衆起見●所創出的神一樣。

所以他——黑格爾的最具才學的門徒之一的浮爾巴哈（Ludwig Feurbach 一八〇四——一八七二），結果就從這見地出發，開始檢查其先師的哲學。浮爾巴哈，他是充分瞭解黑格爾體系中的革命的方面的，他自己也是服膺這方面的。但他還提出下列一疑問：絕對觀念在其自身發展之中果能實際地決定一切的存在麼？—— 不，結果他給以否定的答復。他把黑格爾的學說顚覆倒轉起來了，他指出其反對方面轉是眞的，即存在決定意識的話來了。他說：古代有存在而尙無意識。的時代也曾有過。「精神」或『觀念」，其自身都是「存在」的產物。又他認黑格爾哲學是最近的神學體系，因爲其中不復用「神」，而用一別的第一存在者——「絕對觀念」以爲之代。他于是指出了種種神的概念——基督教也在內——都是人造出來的。他說不是神創造人 乃是人于其幻想之中創造神 故人世上只要把那些幻覺的世界，神秘的物體，天使，巫女，及本質地和什麽神聖物相同的一切類似的表現物，概加消滅時，則純粹人們的世界就可如實地浮出。唯其如此，故「人」就成了他——浮爾巴哈——哲學的基本原理。他說人類世界的最高法則不是神的法則，乃是人們的幸福。和舊的有神論的原理相對立，他正是新提出了一原理，即人本主義的原理，人類的原理。

前章說過：馬克斯在其學校作文時就曾認定過人們的職業早經預定，人們個個都在一條境遇的鎖鍊之下，這鎖鍊在他未生以前就已縛住了他而對他開始影響。由此看來，論理上從十八世紀的唯物哲學演繹出來的觀念，在馬克斯高等學校時代就已和馬克斯很相親。即人是環境的產物，境况的產物。人不能自由選擇職業，不能自己製造幸福。——這種見解本來幷不新奇，也沒什麽獨創。馬克斯不過用其獨特的方式，確將他父親所紹介給他的及他自己後來所讀得的，加過定型化組織化而止。當他進大學而與當時支配待流的德國古典哲學相接觸，他就最初開始了犟述唯物哲學以與此蔓衍流行的唯心思想相抗。這是他所以那麼急速地從黑格爾體系達到于最急進的演繹。的理由。也是他所以那樣熱心地歡迎浮爾巴哈的『基督教的本質』(Essence of Christitianity)一著的理由。在浮巴爾哈的基督教批評中，浮爾巴哈曾得到過和十八世紀唯物論者相同的結論。不過十八世紀的唯物論者僅看到了基督教的欺瞞與冥頑，浮爾巴哈則因出身于黑格爾學派，遂于此之外復認出了人們啟發上的必要階段。但是雖然如此，在浮爾巴哈，「人」也還不過是一個抽象的形體，與十八世紀的唯物論者觀察所得的別無什麼不同。

所以再進一步將人與其環境加以分析時則，人爲多種多樣．存在于種種不同的方面．各有各的不同的身分格式．等點，就立可發見。如普魯士王，莫塞爾的百姓，馬克斯在萊因州所常遇見的勞働者等就都是人。他們就都有同樣的器官，如頭如脚如手及其他。生理學上解剖學上，莫塞爾的百姓和普魯士的地主之間亦沒有什麼差異。而社會的地位則極端不同。同時人們彼此之間又不僅由空間不同而有差異，而且由時間不同也有差異，例如十七世紀的人和二十世紀的人不同，和十九世紀的人也不同。這些差異到底從那兒發生的，如果人們自身是不變化的，人們完全是自然的產物的話？

馬克斯的思想，于是先向着這方向活動。他認爲單說人是境境的產物，人易爲周圍所沾染，是不够。環境要生出這樣的差異來，其自身非矛盾的混合體不可。卽環境不單是人與人的集合體，環境應是人們束繫在一定的關係之下及從屬于一定的社會合羣之中.的社會的環境。

這正是馬克斯所以對于浮爾巴哈的宗教批評猶不能滿足的原故。浮爾巴哈用人的本質說明宗教的本質。但人的本質之于人，不是一種抽象的東西，其屬于人也不是屬于各個分離的個人的那樣一種東西。人自身代表一個集合體，即代表一個一定的社會關係的全體。世界上沒有什麼分離孤立的人。就是那自然的紐帶——素存在于人與人之間的——也在那社會的紐帶——歷史的發展過程中所建定的——之前，意義要淺得多 影響要小得多。故宗教的情感不是自然的產物，其自身乃是社會的產物。

換句話，人是新世界觀的源泉的主張，還是不適當。我們應該把人的觀念之中的社會的側面看重些才對。應該把人當作社會的產物看才對，當作形成育長于特殊地成層（分化了）的一定的社會素地之上的東西看才對。同時環境之這樣成層分化爲各種鮮明的階級，又并不是什麼本原的現象，乃是長期發展的過程。而且我們把完成這個歷史過程的樣式加以研究時，又立能看出該樣式是由二個相反物的鬥爭所結成，即社會發展到某一定的階程時所顯現出來的矛盾物．之間的鬥爭所結成。

但馬克斯又決不攻究到這種程度就放手，他還把浮爾巴哈其他的各種結論也批評過。他投入了一個以現實——實際的行動——批評爲基礎．的新的革命要素于純粹理論的．靜思的．哲學之中。

同時和法國的唯物論者一樣，浮爾巴哈又曾以爲人是境遇與教育的產物，是作用于意識之上的存在．的產物。如其所說，則人就必如其現實的樣子：有頭有脚有手有其他而又脫離了動物界．屈服從于自然的影響與作用之下．的一種有情感的工具。人的一切思想，觀念，都必成爲「自然」的反映。從而人將是——依浮爾巴哈——純粹被動的塊物，自然所供與的各種衝動．的馴順的容受者而止。

故馬克斯反對之而提出了別一結論。即他說：人們自身內部所起的一切現象——即人們自身的一切變化，不僅是自然對于他的影響的結果，而且是他對于自然反作用的結果；他對自然的這反作用而且比自然對他的影響還大。這樣才所以構成人的進化。原始的似人動物在其爲生存而不斷地鬥爭時，不是單被動地服從于自然方面所加來的一切刺激而已的，并且是對自然反作用而變化之的。同時因爲他變化了自然，故他又變化了他的存在條件，——且變化了他自己。

這樣，馬克斯于是又移入了革命的能動的要素于浮爾巴哈的被動的哲學之中。他反對浮爾巴哈的見解而主張之曰：哲學這工作不單純是說明這世界的，同時是變化這世界的。理論當由實際來補充.事實的批判,我們周圍世界的批判，以及對這些東西的否定，都應該由積極的工作及實際的行動去補充才行。——這一來，他于是把浮爾巴哈的瞑想的哲學一變而爲能動的哲學了。即我們應依我們全部的行爲去實證我們的思想與綱領的正確。我們愈有効地移導我們的觀念于實際時，愈能快形成于實際時，則該實際自身之中具有：我們爲自己所碰着的問題謀解決．爲自己所做成的綱領求實現．的各種必不可少的要素的話 就愈能證明。

關于對浮爾巴哈的批評的大致，馬克斯在其很早很早的時期本就作成過。我們如對他的思想發育過程加以精細的檢閱，當立能明瞭他是怎樣達到他的基本觀念的；這基本觀念步步刻骨地完成下去時，且引他立走上了科學的共產主義之路。

比方在他和德國知識階級相爭論時，——自然他自己也是從那裡面出身的一個——，他就曾想說明他們陳朽的口號之已歸于破產。

即他對他們說：我們都明瞭我們現處的德國的現實，現處的生活這樣艱難的普魯士，其中思想的自由也沒有，教書的自由也沒有，而且含有一種使人不愉快到萬分的東西在內。我們如願意德國人民沉淪在這可怕的深淵中則已，不則這世界之當變化應無絲毫懷疑餘地。

但這世界如何可以變化呢?——他問。只看德國社會裡有對于這變化舉其全身全命以歡迎之．的羣衆或民衆與否爲斷,——他答。

他于是按次把德國當時社會裡的各種社會羣——如貴族,官僚,布爾喬亞西,等都加一番檢閱。但結果他的結論是:就是上舉最後的布爾喬亞西也不像在「法國大革命」時能作主脚的法國布爾喬亞西,他們萬不能担起德國「解放階級」.完全變革社會制度.的任務。

但如果不是布爾喬亞西,這任務又將歸那一階級來担任呢?——當時正埋頭于研究法英二國歷史與現狀的他,于是乃結論之曰:唯普羅列塔里亞特才能負起這眞的社會使命。

唯其如此,故他實際上在一八四四年——「德法年鑑」時代,就已經提出了他的主要論綱;即具有解放德國人民．變更社會制度．的能力及堪担任這使命的階級，就是普羅列塔里亞特。……但爲什麼一定是如此呢？曰：因爲他們是現代資產階級社會內，生存條件最惡的民衆所組成的。在社會的梯子上，無論那一階級的地位都沒有這樣低，亦沒有担負自己以外全社會的負担這樣重。別的階級的生存都是建立在私有財產上，唯有他們叫財產被掠奪，貧無立錐。故他們對于現存社會秩序之保存，是絲毫也不感好處與興趣的。不過他們現在還缺乏對這使命的意識，缺乏知識與哲學。一旦如獲得了這意識這哲學，瞭解了解放上必不能少的那些條件，感得了落在自己運命上的崇高的任務時，——則他們必爲全解放運動上的推進機無疑。

這個見解，全然是「馬克斯的」。偉大的空想社會主義家聖西門（Claude Saint-Simon 一七六〇—一八二五），傅立葉（Chales Fourier 一七七二——一八三七），尤其是偻文（Robert Owen 一七七一——一八五八）等，本來對于那『數量最多而又地位最低的階級』——普羅列塔里亞特已經注過意。但他們只在其爲最苦痛的階級.最貧窮的階級.應該設法去照料的階級.而照料又應由比它高比它具教養的各階級爲之.——的假定之下着眼。他們在它的貧窮之中只看見貧窮,而沒有測見資產階級社會的朽敗產物——貧窮——之中所潛藏着的革命可能性。

而馬克斯,才爲指出它——普羅列塔里亞特不單是僅受壓迫苦痛的階級。且是反對資產階級秩序上的能動的鬥爭階級.的第一個人。在其一切生存條件上,普羅列塔里亞特都是一天一大要變爲資產階級社會內唯一革命要素.的階級的。

這觀念由他于一八四四年之初提出,其後在其和恩格斯共著的『神聖家族』(The Holly Family(中更發展過。這書在現在固然已有若干不大適用;但較之普勒哈諾甫(Plekhanov)或列寧(Lenin)初期的著作,也不見的特別不適用。在明白四十年代瀰漫德國全國的鬥爭——無論在知識方面社會方面——之爲如何激烈的人，都還能對之感到充分的興趣。他在這書中，曾對德國當時知識階級的一切計劃加過猛烈的嘲笑；——無論是想避開普羅列塔里亞特問題不談的知識階級，或是以爲當時的慈善團體必能大有造于普羅列塔利亞特，因而自己亦想于其中得到滿足，的知識階級。他並且還向那些知識階級說明普羅列塔里亞革命的意義；舉例如數個月前西勒西亞(Silesia)職工的暴動，即已實證該階級在其爲擁擁物質的利益時，決不惜于揭竿而起。

同時，在這書中他又已經把他新哲學的道標暗暗地指示出來了。即謂普羅列塔里亞特是一個鮮明的階級，因爲它所生活中的社會是建立在階級綫之上。它是和布爾喬亞西相對立的，勞働者是被資本家剝削的。——自然其次還有一疑問，就是資本家那兒來的？由資本而產出雇傭勞働的剝削，的原因又何在?

——這兒于是對這布爾喬亞社會之進化與存在的各種根本法則,就要求一番科學的檢討了。而他在這書中,也就已經力說過:為充分理解一定的歷史時期•的眞正動力起見,人們對于產業狀態的知識,生活的物質條件之產生的知識,人民在其物質欲望的滿足過程中•彼此之間所建成的各種關係•的知識,——等之為非常重要。

第 四 章

「共產主義者同盟」的歷史。組織家的馬克斯。和丕特林的鬭爭。「共產主義者同盟」之形成。『共產黨宣言』。和蒲魯東的爭論。

進一步我們現想把馬克斯與「共產主義者同盟」(Communist League)的關係——依其囑請，因曾爲之起草『共產黨宣言』(Communist Manipesto)•但和其創立究竟關係過若干?——的點檢討一下。在我們，把馬克斯恩格斯二人關于這問題的一切著作中的材料加以檢閱之後，我們現敢結論起來：他們二人自己對于這「同盟」的起源的記載，幷不都正確。馬克斯一生僅僅一次有機會言及過這插話。卽在他一本爲一般所不注意的著作——一八六〇年出版的『霍格特先生』(Herr Vogt)——當中，但他在這當中潛入了許多錯誤.同時「共產者同盟」的歷史，一般都用一八八五年恩格斯所筆記的記錄作藍本。而恩格斯的該記錄則可要略之如下，內面亦有錯誤(如後所述)。卽恩格斯曰：

從前有一個馬克斯，又有一個恩格斯，兩人是德國的哲學家兼政治家，而沒有辦法不得不拋棄他們的父母之邦。他們逃到法蘭西，又逃到比利時。他們著了好些難懂的書，但初則引起了知識階級的注意，後則落到勞働者手中。某一清晨，勞働者忽來找這兩個學者；這時兩個學者正住在菴子裡，擺脫一切實際生活的煩厭。適合于科學思想之擁護者的樣子，目空一切地等候着勞働者的來。而勞働者果然來了，日子果然到了。——蓋勞働者是來請他們去參加他們的同盟的。但馬克斯恩格斯聲明說：該同盟如採用他們的綱領，他們才參加，否則就不去。勞働者答應了，他們于是組織「共產主義者同盟」，且立委任馬克斯恩格斯二人起草『共產黨宣言』。

幹這個事情的勞働者們是屬于「正義者同盟」之中的，這「正義者同盟」，我們在前述法英勞働運動時曾說及過。最初組成于巴黎，一八三九年五月十二布蘭基一派的暴動失敗後備受打擊。他一說則是失敗後，分子都逃往倫敦。其中夏伯且于一八四〇年二月在倫敦組織了「勞働者教育協會」。

士特克羅甫（U. Steklov）著書說馬克斯的事時，關于「共產義主者同盟」也有相似的記載。

『馬克斯住在巴黎時，和「正義者同盟」的領袖們個人間有來往；這「正義者同盟」則是德國的亡命政治家及職工所組成的。他沒有參加那「同盟」，因爲「同盟」的綱領太帶「觀念的」色彩及陰謀的精神，爲他所不取。但「同盟」中的下級會員則漸和馬克斯恩格斯接近。他們兩人由其個人間的來往•書信的交換•及出版物等，影響了會員們的政治觀。有時候他們二人且將其印好了的傳覽物送給會員們看，以傳達自己的見解。自他們和陰謀家歪特林絕交，日組織地『對無用的理論家加以竣嚴的批評』後，他們參加同盟的素地就充分地準備好了。同盟開第一次大會——現在概呼之爲「共產主義者同盟」時，恩格斯和倭兒甫 (Wilhelm Wolff) 出了席；第二次大會 —— 一八四七年十一月尾——時，馬克斯也出了席。大會聽了馬克斯的新社會哲學講演後，乃委任他和恩格斯準備同盟的綱領。——這就是有名的『共產黨宣言』由他們二人起草的由來』。

又士特克羅甫只說馬克斯起草的是些什麼東西，默林則重複述及恩格斯所告訴過我們的話。我們自然應該信恩格斯；因爲誰能敍述一事業的歷史，比參加過該事業的人還能適當呢？不過我們批評的態度還是不可少，就是對恩格斯也應當這樣，何况在他描述該事實時，該事實已爲發生于其前四十年的——陳迹呢？歲月懸隔，孰不忘事？何况追述該事實時作者已在完全不同的情況之下與完全不同的心情之中呢？

我們現在還握得其他許多和上述事實全不相符的證據在。馬克斯和恩格斯决不是純粹的理論家——像士特克羅甫所說。反之馬克斯在其一認知了現存社會秩序之必要的根本變更非全靠勞働階級——普羅列塔里亞特不爲功時，一確信普羅列塔里亞特其自身生活條件內部就具有一切激動性與激動力以逼其反抗這社會秩序時，馬克斯就立會投身于勞働中之中去了；就和恩格斯一路打進于已經受了他種影響的勞働者所在的各種地方及所組織的各種團體之中去了。而這種團體，在當時也確實已經存在着。

但關于這問題要作詳細的考證時，我們還得先把四十年代初期的勞働運動史說一說。「正義者同盟」在一八三九年五月崩壞之後，已經失掉了中央組織的存在。其爲中央組織的存在的跡痕或活動，至少在一八四〇年以後已不能發見。賸下的只是由會員所組織的幾個獨立的小團體。而小團體中的一個則在倫敦組成。

其他的會員則逃往瑞士，其中最有勢力的爲歪特林（Wilhelm Weitling 一八〇九——一八六四）。歪特林是一個業裁縫的，職工普羅列塔里亞特中出身的德國最初革命家中的一個。他也和當時德國許多別的職工一樣，由這城市糊口到那城市。一八三五年他到了巴黎，一八三七年以後他就永在于此。他在巴黎時參加了「正義者同盟」，和基督教社會主義的主脚拉曼湼 (Hugues Lamennais)的學說及聖西門傅立葉等的學說相親炙。同時又會到了布蘭基及其黨與。一八三八年尾，他應一同志之請，作了一本小册子，題爲『人類的現在與將來』(Mankind As It Is and It Ought)，而于其中大倡其共產主義。

在瑞士，他與幾個朋友于一次煽動瑞士人的計劃不成功以後，曾着手于在留住在瑞內的德國勞働者及亡命客之中組織小團體。一八四二年他的主著出版，名爲『調和與自由的保證』(Guaranteesof Harmony and Freedom)。在這著中，他更詳細地發展了他在一八三八年所表現的見解。

因爲受了布蘭基的影響，他的觀念和當時同時代的空想家不同，他不相信平和的推移可以達到共產主義的路。新社會—— 他所曾詳細計劃過描述過的新社會，他以爲必用暴力才能實現。現存的社會愈消滅得快，民衆的自由也就愈可立得。最好的方法就是把現社會的秩序破壞到極度。愈惡就愈好！并且依他說起來，破壞現社會之最可信賴的革命要素，就是最下層的普羅列塔里亞特，即盜賊亦包含在內的流氓無產階級（Lumpenprol-e:aliat）。

又在瑞士時，還有巴枯寧（Michael Bakunin 一八一四——一八七六）去訪問過他，接受了他的若干意見。因他及其同黨被捕及被起訴，巴枯寧也就受了嫌疑，此後且永不得歸故國。

而他——歪特林則于一八四四年刑餘之後，被引渡歸德。漂泊了一個時期之後乃至倫敦，于其處備受歡迎。

即敦倫的人爲他開了一個羣衆大會。英國的社會主義者，憲章黨員，及德國法國的亡命客等，都來參加。這遂爲國際大會最初開于倫敦的嚆矢。夏伯且由此得到暗示，因而創立了一個國際團體于一八四四年十月，名爲「萬國民主主義者協會」

(The Society of Democratic Friends of all Nations)。目的則爲謀萬國革命家的親睦，強固民族間同仁的情感，及獲取社會的政治的權利等。當時領導這事業的是夏伯與其二三友人。

歪特林在倫敦住了年半的樣子。對于很熱心地討論時事問題的當時的勞働者小團體，最初給過很大的好印象。但不久卽遇着了強烈的反抗。他的老同志夏伯，包埃爾 (Heinrich Bauer) 及莫爾 (Joseph Moll一八一——一八四九)等，都比他在倫敦住得久，關于英國勞働運動的情形及倭文的學說都已全部知道。因而都不贊成他的主張。

但在他說起來時，普羅列塔里亞特不是一個有明鮮的階級利害的獨特的階級。只是貧困而又受壓迫的民衆中的一部分。而貧民之中，流氓普羅列塔里亞特(流氓無產階級)則最是革命的要素。他還鼓吹過他的意見：強盜也好，綠林也好，在反抗現社會秩序上是最可信賴的。又他不大重視宣傳。他所預想的將來共產社會，當是由一羣少數的賢人所指導。同時吸收羣衆又不可不借助于宗教的手段。他認耶穌基督是共產主義的先驅，從基督教當中減除後人所添加的那些東西，卽爲共產主義，他說。

我們若想多瞭解些後來他和馬克思恩格斯之間爲什麽發生衝突，我們還應好好地記取：他是一個非常有能力的勞働者，獨學者，及有文才的天禀的人；而同時又是具有一般獨學者所特有的缺陷的人。

一般獨學者都有一個傾向：就是想從自己頭腦內想出一些新奇的東西，發明一些艱深的意匠。獨學者常常不知所出，當他發現自己陷于愚劣的苦境——如苦心慘澹之餘所發見的只是古人的糟粕.的那種時候。

獨學者且常想探尋一「無窮的運動機」。找出一智慧的漏斗以一舉而成爲學者。現在歪特林就正是這種流亞。他常想發明一種教授法使人們能在最短期間內通達一切科學。他又常想造出一種世界語來。同時更有特別意味的事就是和他一樣也是獨學的勞働者的蒲魯東(Pierre Proudhon一八九一八六五),也曾努過力想解決這問題。在歪特林則并還有許多時候苦于不能決定自己究選共產主義爲職業爲宜,抑選世界語爲職業爲宜。他是一個完完全全的豫言家;一點也受不得批評。對于好從書本上求學問而又對于自己的嗜好常常懷疑•的人們,他極端地看不起。

一八四四年,他在德國勞働界乃至知識界,都是一個負盛名的名流。大名鼎鼎的裁縫匠的他,和同樣大名鼎鼎的詩人海湼晤面後,海湼曾以特殊的筆鋒描述過當時的光景,曰:

『尤其傷我的矜誇的,就是那東西和我談話時毫沒尊敬的樣子。他帽子都不脫。我站在他面前時,他身也不起。他把右手抱起他的右膝到下顎底下,左手則總是那樣在那抱起的脚的踝骨上摩擦。最初我以爲他這種無禮箕踞的態度是做裁縫時成了習慣的原故，但立刻我明白了不是那麼一回事。當我問他爲什麼總是那麼摩擦那隻脚時，他很隨便地答應我，活像那是一回日常茶飯事不足爲奇的樣子。他說他過去在德國各種監獄內被禁錮時，總是被用鎖鍊鎖着脚，而那鎖環又常常那麼小得利害，于是他膝上的皮就漸漸起了一種慢性的又痛又癢的毛病。——這就是那裁縫總是那樣摩擦的原故！我講良心話：當我聽到那鎖鍊一段話時我渾身毛骨都不覺爲之聳然。』

(但這詩人同時又暗示了人們心裏感情的矛盾性而續述之曰)：『我曾在明士特(Münster)市熱烈地吻過勒當(Leydon)的蔣(John)裁縫的的紀念品，——那保存在明士特市政廳內曾鎖縛過蔣的鎖鍊，迫害過蔣的火箸等物。我曾激越地崇拜過那死裁縫，但現在我不能自抑地感覺着憎惡這生裁縫。雖然他們兩個都是一個原因的信徒，一個信仰之下的殉教者』。

——海涅雖沒有把自己表現得漂亮，但我們還能夠看出歪特林曾給這大名鼎鼎的詩人以強烈的印象。歪特林很容易看破這詩人是一個智識方面藝術方面的貴族，這貴族對于這不相識的革命戰士的派頭雖感着嫌惡，同時也還感着好奇心。但馬克斯對這革命戰士的態度則非常不同，雖然馬克斯也是知識分子。在馬克斯看來，這革命戰士的歪特林實在是一個對普羅列塔里亞特——其歷史的使命馬克斯自己最近曾爲之定型化了的——各種靈感.特具天才的表現家。在他未會到這天才以前曾論之曰：

『布爾喬亞西，就將其哲學家文學家一起包括進來說，其關于政治解放的著作可和歪特林的「調和與自由的保證」相對比的，實在一個也沒有。我們如果將那乾燥怯弱的德國政治書和這德國勞働者初出草廬的熱烈而富光彩的著作相比，又如果將這無產階級脚雖跛而步武如巨人的初步，和那成長已足派頭又十分的德國布爾喬亞西的闊步相比，我們將只能預言之曰：無產階級這個可憐虫不久必發達成一個強有力的寧馨兒』。

唯其如此，故馬克斯與恩格斯之必求和歪特林作朋友，是很自然的事。他們兩個在一八四五年倫敦短期滯住之中，已和英國的憲章黨員及德國的亡命客等相往來的話，上來已經說過了。那時候雖然歪特林也在倫敦，但他們究和他見過面沒有，我們還無由考證。他們之結成親交則是在一八四六年。那時候歪特林到布留塞爾（Brussels）來了，馬克斯則于其前一年從法國被驅逐之後即已定住于此。

那時候馬克斯正竭全力于組織方面的工作。布留塞爾是很適宜于這工作的，因爲那是德法二國的接爭地。德國的勞働者或知識分子去巴黎時，必要要在這兒停幾天。那時一切禁書之輸入德國，傳及內地，都是由這地方爲之。同時勞働者之短時間住在這地方的，也有幾個很有能力的分子。

馬克斯立刻就進行一種計劃，卽爲初次組織全共產主義團體起見想召集一個共產主義者大會。比利時的費菲也爾 (Verviers) 市因其近德國邊界，德國的共產主義便于出席，且曾被選定爲會址。但這大會究開過與否，我們現在無從得知，不過依恩格斯所說，則當時一切開會的準備都由馬克斯籌備好了，——在倫敦的「正義者同盟」的代表尚未持招待狀來請他們二人參加該「同盟」以前。

他們二人爲什麽把歪特林勢力之下的諸團體看得很重要呢？理由是很明瞭的。因爲他們曾費過很大的力想設法和歪特林發現同一的立場而皆未有成且至于破裂的原故。關于這破裂的歷史，當時——一八四六年春——也住在布留塞爾的俄國批評家安倫苛甫(Annenkov)曾記述過。但安倫苛甫的記述非常奇妙，只有點點是眞實，大大部分則都是錯謬。他說有一次會議席上，馬克斯與歪特林曾起過很激烈的衝突。馬克斯以拳擊棹，向歪特林怒號曰:『無智(Jgnorance)是一不能帮助人，二不能改善人的』。這個話很像眞的說過，因爲歪特林——和巴枯寧一樣——也是反對宣傳工作及準備工作，以爲不必要的。他們都以爲貧民早就準備好了去暴動；故從而又主張只要有大胆的領導者出來，革命就隨時都可以發動。

同時由關于這次會議所寫給人家的信看時，馬克斯當時對于下列各點曾強硬地主張過又可以知道:即一，共產主義者團體內部應澈底廓淸，無用的理論家應加了批評；二，單基于好意而出發的一切社會主義應加以否定；三，共產主義實現之前，先有一布爾喬亞西的支配時代要存在的事理應加以瞭解；等等。

一八四六年五月，最後的決裂到了，決裂之後歪特林立刻出發往美國，直到一八四八年的革命止都沒返來。

馬克斯和恩格斯，則依二三友人的援助仍繼續其組織工作。即在布留塞爾組成了「勞働者教育協會」，馬克斯于其中講演經濟學。會員中除知識分子如倭兒甫(Wilhelm Woeff一八〇九——一八六四)——此人馬克斯後來曾以其『資本論』第一卷献呈之——等之外，勞働者中，如邦（St fan Born 一八二四—— 一八九九）及其他，也都在內。

以這組織作基礎，又利用會員同志之旅行來往于布留塞爾及其他各地之間，馬克斯恩格斯于是更想進行組成結緊德國倫敦巴黎及瑞士各地的各種團體•的聯絡。恩格斯自己且把巴黎方面的辦好了。同時漸漸傾向于他們二人的新見解的人也已加多。他們爲結聯一切的共產分子起見，于是由馬克斯更想出一新的計劃來：卽將素來純粹一國人——純粹德國人的這組織，擴大改組之爲國際的組織。這國際組織開始的第一步，自然是先將布留塞爾巴黎倫敦各地最成熟的共產分子結成團體，結成核心。次則各團體又必須共同組一委員會以便彼此聯絡。——這一來于是未來國際的大結合就樹好了基礎。同時該委員會也依馬克斯的發議，取名爲「國際共產主義者委員會」(Communist Committees for Interrelation)。「又名通信委員會」(Correpondence Committees)。

素來記述德國社會主義史及勞働運動史的文士與新聞記者們——他們常在新聞上做論文或做通信員編輯員之屬——，對于這「通信委員會」常認作和普通一般的通信社一樣。他們以爲馬克斯與恩格斯在布留塞爾組這麼一個通信社，是用以發送通信書及函信的。不則就如默林在其『馬克斯傳』裏所說：

『馬克斯他們沒有自己的機關報．故馬克斯和其友人等就想用檢字版或油印版的通知法以補此缺。同時他們又想和共產分子住在的各大中心地保得長期的通信，故這種通信社就存在于布留塞爾與倫敦。巴黎也同樣設了一個。馬克斯并曾寫信給蒲魯東，求其援助』。

但是我們只要精讀一下蒲魯東的回信，就可充分知道馬克斯所主倡的通信委員會和普通的什麼通信社完全不同。再則我們如記得蒲魯東的這回信是一八四六年夏天的事，那末我們可以結論：在倫敦的使者來招誘馬克斯參加那久已崩壞了的「正義者同盟」以前，倫敦布留塞爾巴黎各地必早已由馬克斯提案發生了組織無疑。

總之這樣直到一八四六年冬，布留塞爾組成了一個很好的「中央通信委員會」，各地的消息都報告到這兒來。委員會的分子亦很多，有幾個且是勞働者。同時恩格斯在巴黎所組織的〔巴黎委員會〕，在德國職工之間亦甚活動。倫敦的則由夏伯，包埃爾，莫爾，等領導。又莫爾，半年之後曾由倫敦來布留塞爾，許多人因推測之以爲是來勸誘馬克斯參加「正義者同盟」；但其實不然，看一八四七年一月二十日的信就知道：他來並不是代表「正義者同盟」，乃是代表「共產主義者通信委員會」，——來報告倫敦方面的會情的。

這樣，于是我們又得一結論：就是關于「共產主義者同盟」當時已開始形成的話，雖首先由恩格斯說出，以來亦曾書書相傳，今猶未已，然實際則只是一個傳說，幷非事實。

同時研究馬克斯的人，常把他這組織方面的工作忽略下去，把他變形爲一個隱居的思索家，也實是忽視他的爲人的最有興趣的一側面。他——僅他一人•恩格斯不在內•——在四十年代後半期，所幹的各種準備工作方面的指導者鼓吹者的重要事實，我們如果不加認識，其後一八四八——

四九年間及「第一國際」時期他所演的組織者的主脚戲，當也無由理解。

總之在莫爾來過布留塞爾之後，——大概也就是馬克斯相信倫敦革命家的大部分已脫離了歪特林的影響的時候，「布留塞爾中央委員會」于是遂決議在倫敦召開大會。但大會未開以前，幾多派別間的爭論與衝突已在各地開始了。恩格斯所工作的巴黎方面，尤爲危殆。但由那時候恩格斯的書信看，我們很能夠知道他是一個有能力的政治家。因爲他在危殆當中還得了勝利。他將這勝利堂皇地報告到「布留塞爾委員會」，其中表出他不僅說伏了許多動搖分子，而且對于這些分子又用了「鎮壓」與「混瞞」的工夫。

一八四七年夏，大會在倫敦開成。馬克斯沒有出席。倭兒甫代表布留塞爾方面，恩格斯代表巴黎方面出了席。全體到的代表不多；但搗亂分子則沒有一個。他們決議聯組一個「共產主義者同盟」。

(Communist League) 但這「同盟」決不是如恩格斯後來所說的什麽「正義者同盟」的再建。說這話時，恩格斯是忘記了他自己當時曾代表自己所組成的「巴黎共產主義者同盟」出過席的事。又這大會曾將章程通過，其第一條且明白地決定地將革命的共產主義的根本觀念下了定義。——

『同盟的目的是在于：布爾喬亞西之顚覆，普羅列塔里亞特之支配，以階級對立爲基礎的古來布爾喬亞社會之廢除，及無階級無私有財產的社會之建設。』

這章程是暫時採用的。一方面交特別委員會審查，二方面等候第二次大會時再決定。

「民主的集權主義」成了這組織的原則與基礎。會員應遵守信條，及爲「同盟」的目的而生活，等點也都規定了。又由會員之一定的小團形成組織的基本單位，卽核心。這核心呼之爲小組 (Commune)。小組依地域結成之，各組織地區小組委員會。而受某一特別地區之指導與統率。這特別地區則對于中央委員會負責任。

這組織法爲後來一切共產主義的勞働階級政黨初期發展時代的模範。其中有一特徵，——後來雖然歸于消滅——然在德國曾一直存在到七十年代之初．即中央委員會不由大會選舉；該委員會的最高指導權限亦不由大會決定，而由大會委任被指定爲該委員會的所在地．的地區委員會賦予之。譬如倫敦如被指定爲該委員會的所在地，則該委員會委員——至少要五人——由倫敦地區的組織內選出之。以和廣大的全國組織保持密接的聯絡．

同時大會還決議了一個綱領樣的東西，即要起草一個共產主義的「教義問答」．每個地區到第二次大會時都要提出一個。又決議要辦通俗日報。坦直地用「共產主義者」名稱而出版的"Communist"即是，亦即是勞働階級最初的機關報。這報是出版于「共產黨宣言」之半年前的，但其中已有了

「萬國勞働者團結起來!」(Workers of All Countries unite!)的標語。

但這報創刊號出版以後就不能發行了。其中記事與印刷，大部分都是倫敦「共產主義者同盟」內的分子所幹的。社論用非常通俗的文體寫出。詳言之，社論中以平淺的白話把新共產主義團體的特質指出，又說明其與歪特林的團體及法國的那些團體不同的點。其中關于「正義者同盟」的事，一字也沒提及。而于法國共產主義者卡伯 (Etienne Cabet一七八八——一八五六)——即有名的空想烏托邦小說"Icaria"的作者，則有一篇特別論文論之。在一八四八年，卡伯本曾猛烈地幹過一個運動，即想集合一些人移住到美洲，而在美洲的未開地上按照他在"Icaria"內所描述的計劃•建設一個共產主義的殖民地。他爲此幷且還特別旅行到倫敦，因爲他想將倫敦的共產分子也引到他自已那方面去，但該特別論文則對他這計劃加一最犀利的批評。而詔告勞働者毋棄歐羅巴而之他，歐羅巴應爲最先樹立共產主義的地方。其次則該報上還登有一篇很明白地是恩格斯作的長文。最後則復有布留塞爾的代表倭兒甫——也無疑義地——的一般社會政治概論。

一八四七年末，第二次大會又在倫敦開會。這一回馬克斯出席了。在他將要出發往倫敦時，恩格斯從巴黎寫信給他，說自己起草了一篇共產主義教義問答梗概，但名稱則似呼爲「共產黨宣言」爲宜。馬克斯則想必更曾將自己所研敲盡致的各種提案携帶去了。但大會上一切的事情決不如士特克羅甫(Steklov)所描寫的那麼圓滑地進行得好。會中發生了激烈的意見衝突，爭論了幾日。馬克斯想大多數信其新綱領爲正確尤煞費了苦心。但最後新綱領還是被採納了，馬克斯——這點很重大——且被大會委任爲「同盟」起草宣言。自然，當他草擬這宣言時，必會利用過上述恩克斯作好了的那草案無疑。但是雖然如此，對「同盟」負政治責任的則只有馬克斯一個人。如果『共產黨宣言』給人們以大塊鋼鐵上切下來的一個偉大的記念牌•的印象，則該印象正完全是因爲馬克斯一個人把它作好的•的原故。其中包含的思想，誠然不少是馬克斯恩格斯所共同展開下來的。但其根本觀念，則如恩格斯自己所主張，全是馬克斯的。恩格斯說：

『「宣言」的根本思想：一爲歷史的各時期中各具有其慣行的生產樣式及社會組織，該時期的政治史與知識史即以建築于其上，二，其結果，在社會發展的各種階段上，（自原始土地共有制度崩坏以來），人類歷史變爲階級鬥爭的歷史，即被剝削階級和剝削階級 被壓迫階級和支配階級間相鬥爭；三，這鬥爭到了現在，達到了一新階段：即被剝削被壓迫的階級（普羅列塔里亞特）想從剝削壓迫的階級（布爾喬亞西）中解放自己，且必同時地永久地將社會全體從一切剝削壓迫與階級鬥爭中解放出來而後可能，的新階段；——等等基本思想，都是全屬于馬克斯一個人的。』

我們應該注意這事情。卽「共產主義同盟」及恩格斯都知道把新綱領展開下去的千斤担子已加在馬克期肩上，同時宣言書也是委給他去起草。關于這點，我們現在獲得有一封很有趣味　在別的方面講也很有趣味——的信。該信將馬克斯與「同盟」的關係表示得很奇妙，即表示「同盟」的精神是「無產階級的，」其視「知識分子」不過當作一個做文章的耑門家。爲瞭解這封信起見，我們還應記得倫敦是被指完爲中央委員會所在地的，而委員又是由倫敦地區組織中選出的。

這封信是一八四八年正月二十六日由中央委員會送給布留塞爾地區委員會，命其轉交馬克斯的。內容則爲正月二十四日的中央委員會的決議案。

『中央委員會於此指令布留塞爾地區委員會轉知馬克斯君，要其將所承應起草的共產黨宣言最遲于二月一日禮拜二以前送到倫敦，如過期不到，則本委員會將對之另議處分。又馬克斯君如不起草時，則本委員會立要其將本會所交附的各種文件立予退還。中央委員會，夏伯・巴埃爾・莫爾印。』

這樣怒氣溢于言表的公文，于是逐使馬克斯在二月底猶不完成先年十二月交下的工作。這些地方，也就充分發揮了馬克斯之爲馬克斯。又他的文才雖十分，他的動作却帶點緩慢。他素來對于他的著作是很用功的，重要的文字更特別。這篇宣言他更想賦以完整無缺的形式，垂諸永久。我們現還保存得有他的這宣言初稿的一頁，讀這頁就可以瞭解他當時一字一句之推敲曾苦心到什麽程度。

中央委員會再加以處置的必要自然沒有了。

二月初他的工作本像已經完成。這點很値得注意。即『宣言』之發刋正在「二月革命」之前數日。因此，『宣言』于「二月革命」的準備上不曾生過什麼影響自可推想。同時我們復發見『宣言』初版之入德國是在一八四八年五六月以後，則于「德國革命」也可推論沒有起過大的作用。簡言之，該『宣言』內容，當時尚只有布留塞爾倫敦二地的小數共產份子知之而止。

『宣言』是國際「共產主義者同盟」的綱領。同盟是由一些比利時人，英國幾個有共產思想的憲章黨員，及大部分是德國人，所組成的。『宣言』裡面所曾充分考慮的，不是那一特殊國家的情形乃是全布爾喬亞的世界——共產主義者正于其前開始公然地展開其目的的世界。

其第一章極明晰地描出了資本家社會的圖樣，及產出這社會且正于這社會之中繼續發展的階級鬥爭的相貌。我們在那裏面看見了布爾喬亞西之必然的發生——在舊的中世封建制度的母胎之中。又看見了在各種經濟關係變遷之內，布爾喬亞西存在的各種遷變狀態。最後又看見了布爾喬亞西在和封建制度 相鬥爭時唱過 的一些什麽戲；養育人類社會的各種生產力發達到過什麽異常的程度；從而有史以來第一次怎樣創造了全人類之物質的自由•的可能性等。

其次則簡略地描出了普羅列塔利亞特的進化史。普羅列塔利亞特是怎樣必然地和布爾喬亞西一樣不得不發達• 乃至發達又必跟着布爾喬亞西一塊兒•的理由，我們知道了。發達而漸長成爲一獨特的階級的所以然，又知道了。同時在普羅列燈里亞特未成爲一自立的階級以前，未創成其自身的組織以前，其與布爾喬亞西相鬥爭時所採用的各種形態，像走馬燈一樣也在我們眼前通過下來了。

復次則舉出了布爾喬亞西的理論家對共產主

義的各種攻擊，而加之了最無完膚的批評。

更進一步則他——這兒依賴了恩格斯．不過不如我們所想像之甚——將共產主義者對其他勞働政黨應取的戰略，加了說明。這兒我們碰着了一宗有興趣的事情．就是『宣言』聲明：共產主義者不可組織和勞働政黨相對立的獨自的政黨，共產主義者不過是勞働者的前衛，他們之較無產大衆優長的，是在其理解勞働運動的條件，方向，及一般結果的點上而止。

在我們現在旣知道了「同盟」的實際歷史之後，對于這聲明——和共產主義者的各種問題相關係的這聲明——自然容易說明。蓋在當時的勞働運動情形上，尤其英國的勞働運動情形上，這聲明是很必要的。因爲當時英國憲章黨人之承應加入這「同盟」，都以要和其本來的黨派保持故態．爲條件。換句話，他們只承受在憲章黨內組織共產主義者的小組織，以謀擴大「同盟」的綱領與思想；其他則非所問。故『宣言』不得不如此聲明。

復次『宣言』又把社會主義者共產主義者之間的各種派別——當時正各競爭權勢——加以詳細的分析。于當然地加以批評之餘，最後除三大空想家——聖西門·傅立葉·倭文·外，且根本加以排斥。同時于三大空想家的教義，馬克斯恩格斯亦只于某一程度內採納之修正之。『宣言』中則更只取其對布爾喬亞社會的批評；對其平和的。空想的。非政治的．社會主義，則加以反對，而另提出了新普羅列塔里亞的——批判的共產主義的　革命的綱領。

最後結論時，『宣言』又檢討了共產主義者在革命時應取的戰略；特別是對于布爾喬亞政黨。而規定爲方法應各國不同，應各依其特殊的歷史條件而異。詳言之，在布爾喬亞西已很發達的國家，普羅列塔里亞特應嵩向之挑戰。在布爾喬亞西亦還在努力于政治鬥爭，卽和君主政治貴族政治相鬥爭的國家，則普羅列塔里亞特應與之合作。

但同時又說共產主義者不能一息停止向勞働階級樹植其更深銳的意識，即應使他們都明瞭布爾喬亞西的利益根本和自己的利益不相容，的眞理。而問題的最後歸着點，則爲在于私有財產制度之廢止上，云云。—— 以上是一八四八年二月革命及五月革命的前夜，馬克斯和恩格斯所作成的戰略規則。這規則如何應用之于實際，我們接着就可以看到，同時經過實際革命以後會如何變更，也不久就會說及。

——上來，我們對于『宣言』的內容得了一般的觀念了。在這兒我們應該十分記取這就是科學的研究之結果之具體化；——即從一八四五年至一八四七年末，恩格斯，特別是馬克斯，所完成的科學的研究的各種結果之具體化。在這時期中，恩格斯曾將其爲著『英國勞働階級狀態』(Condition of the Working Class in England) 起見所應蒐集的材料，蒐集成了功。馬克斯則苦心于政治思想史經濟思想史兩方面的研究。在那兩年間，他們一方面和各種各類的唯心論者相鬥爭，他方面同時把唯物史觀的思致也已展開到了很高的程度；而這唯物史觀，又正是使他們在其研究物質的各種關係．及研究永恆地決定社會的各種關係．的生產與分配之各條件．的時候，能鮮明地定其態度與方向的。

這新學說，其實在未草『宣言』以前，即在和蒲魯東相爭論時候，馬克斯就已最完全地明晳地說明過。『在神聖家族』(Holy Family)中，馬克斯曾把蒲魯東評價得很高很高。這兩個老同盟者之間發生破裂的原因則如下。

蒲魯東和歪特林一樣，也是一個勞働者．獨學家。後來且成爲法國優秀的著作家，他曾以最革命的精神開始其文字生涯，在其一八四一年出版的『財產是什麽？』(What is Property?) 裡，他曾痛烈地批評過私有財產制度，而且大胆地結論之爲：在其本質上私有財產是掠奪得來的東西。但是雖然如此，他對于財產的攻難實際上乃僅限于一種，卽只限于資本家的財產——由大資本家對小生產者剝奪得來的財產，而不及其他。再則他對于資本家財產之廢止雖不反對，對于共產主義又不贊同。他認爲農民與職工的幸福之保障，只有待于他們的私有財產產之保全與增加。勞働者的條件之得改善，也不是要靠同盟罷工及經濟鬥爭等手段，而只要將勞働者轉化成爲財產所有者就行。他之得到這些結論，是在一八四五與一八四七年；那時候他正作成了一種計劃，依該計劃則職工可不至滅亡，無產者亦可成爲獨立的生產者，他說。

我們上面曾把那時期恩格斯在巴黎幹過一些事情的話說過了。那時候和恩格斯討論綱領爭持得最烈的，就是代表「眞正社會主義」的格靈(Karl grün一八一三——一八八四)。而格靈則是蒲魯東最親近的同盟者，蒲魯東的思想，他代爲之說明于住在巴黎的德國勞働者之前。又蒲魯東在其新著『貧窮的哲學』(Philosophy of Poverty)——他想在這新著中暴露現存社會內一切「經濟的矛盾」而說明貧窮的起源——未出版以前，卽已將其新計劃告訴過格靈。格靈于是立用之以爲當時攻擊共產主義者的工具。故恩格斯就會急報告于布留塞爾委員會曰：

『但是所謂救濟世界。的這計劃究是什麽？要不外卽那有名的「英國勞働市場」——依種種手工業的組合所經營而結果歸于失敗。的英國勞働市場。在那市場中最需要的是一個大的貯藏所；各組合員所持來的生產物，則依其原料價格及勞働價格而估價，且與用同樣方法估過價了的別的生產物相交換。超過組合的需要以上的生產物，則賣之于世界市場，賣出所得則分給各生產者。于是巧僧的蒲魯東就想：如此，則商業的仲買人的利潤就可從生產者及其同僚的利益之中，除開出去了。』

在這信中，恩格斯除將蒲魯東該計劃的新節目全表出外，而且對于這樣一種幻想——用勞働者的貯金以買工場，因而勞働者可變爲財產家，的這種幻想——亦能引誘德國勞働者使使動搖，表示憤慨。

蒲魯東的『貧窮的哲學』一出世，馬克斯就坐下來，于一八四七年著他的小作『哲學的貧窮』(Poverty of Philosoply)，于其中一步一步地把蒲魯東的思想擊成粉碎。并且于其中除作破坯的批評之外，且將自己充分發達了的共產主義的思想加了說明。這書在其思想之燦爛及銳刻上乃至叙述之正確上，都堪稱爲『共產黨宣言』的最好入門書。較之一八七四年他爲最後加蒲魯東以抨擊而著的『政治的無關心』(Poliical Indifference）亦無弱處。由此就可以證明他在一八四七年時期，根本思想己經發達了。

本來，在一八四五年他就曾泛漠地將其思想初次作成定型。但爲着『哲學的貧窮』起見，他還得精勤地用功兩年。他把普羅列塔里亞特在布爾喬亞社會內形成發展的各種情形一加研究，他更深深地挖到了資本家制度下的生產分配各法則上面。他用辯證法的光明再檢照了一遍布爾喬亞經濟學者的學說。且喝破了布爾喬亞社會內各種根本範疇——即各種現象如商品，價値，貨幣，資本等，都是暫時的東西。并且他在該著——『哲學的貧窮』裡，已經想最新地指出資本家生產過程發展中的各種重要階段來。雖然這還不過是他最新的設計，但由此已很能看出他已走上了正確的路，及他已具有正確的方法及精巧的指南針——堪以踏破布爾喬亞經濟的深藪。但是雖然如此，爲想對這複雜的機構更能升堂入室起見，此書究還不過是一個證明：證明僅僅方法正確還不夠，僅僅一般的結論還不能使人滿足，對資本家的現實還應加一番深審的研究。換句話，他面前還擺着一偉大的工作。他的最新的設計雖爲天才的作品，但他還須轉化之爲巍大的建築物才行。—— 但是在他還未曾建築這巍大物以前，他和恩格斯已不能不投身于一八四八年的實際革命了。這是他們久所翹望的，預言過的，并且爲此而曾準備過的，亦是在這麽一種預望之下而書就其『共產黨宣言』中諸根本課題的。

第　五　章

一八四八年的德國革命。在萊因州的馬克斯恩格斯。「新萊因報」之創設。歌特洽爾與威里志。「克倫勞働同盟」。「新萊因報」的政策與戰略。邦。馬克斯戰略之變更。革命失敗與「共產主義者同盟」內的意見糾紛。分裂。

『共產黨宣言』于「二月革命」前數日始公開。「共產主義者同盟」到一八四七年十一月始組成。「同盟」的內部，則爲倫敦巴黎布留塞爾三地的小團體及比此更小的幾個德國小組織所合成，「同盟」與德國各小組織的關係尤不過弛緩的連絡而止。

這個事情，在其本身就已充分表示德國方面所組織的勢力非常之小，馬克斯想活動于其間很不足。而這時候——二月二十四日，革命忽爆發于巴黎。很急速地又蔓延及于德國。三月三日，萊因州的首府克倫發生了民衆暴動。克倫當局沒有辦法，只好請願于普魯士王；求王注意這種騷亂，且求王多少讓點步。騷亂的領袖爲歌特洽爾(Gotschalk)與威里志(August Willich 一八一〇——一八七八)；前者是醫生，在克倫的貧民與勞働界非常有信仰；後者則是退伍軍官。三月十三日，革命更勃發于維也納，十八日則發展到了伯林近郊。

這時候，馬克斯始終住在布留塞爾。但比利時政府不想分享「七月王朝」的運命，突然襲捕住在本國的亡命客，逮繫馬克斯，數時間內逐出之于國外。他于是往巴黎。當時法國假政府的領袖之一佛羅勘（Ferdinand Flocon 一八〇〇——一八六六），是恩格斯投稿的一報館的編輯，在馬克斯未遭驅逐以前卽曾招之來法，且聲明政府所發佈的一切法令在現在新的自由法國皆爲無效。故馬克斯遂投奔來此。

大陸革命勃發以後，「倫敦中央委員會」卽將其中央權力讓給布留塞爾地方委員會，布留塞爾地方委員會更將此權力委讓給馬克斯。當時集在巴黎的德國勞働者爲數甚衆，其間新起了許多糾紛，新組織了許多小組織。有一個且在巴枯寧的支配之下。巴枯寧則又和德國詩人黑贓希（Georg

Herwegh 一八一七——一八七五）正計劃組織武裝團體去侵襲德國。

馬克斯想他們中止這計劃。馬克斯勸他們個個單獨地去參加革命工作。但巴枯寧與黑贼希固執不肯。他們卒組成了革命軍，率到了德國邊上，但全敗而歸；反之馬克斯與二三同志的秘密歸國則成功了，歸後各住各地，馬克斯與恩格斯住于萊因州。

但我們要記得當時德國的「共產主義者同盟支部」是沒有組織的。那兒只有一些散漫的同情者。故馬克斯恩格斯及其同志們，歸後當做些什麽事呢?我們現在手裡保存有一種記錄，是四十年之後恩格斯對其青年同志們說明當時他與馬克斯所取的戰略的。青年同志們問他：『那時候你與馬克斯爲什麽住在萊因州及克倫，而不逕到伯林去呢?』他答之曰：因爲萊因州是德國工業最發達的地方，且是在拿破崙法典——「法國大革命」的遺產——的制度之下的地方，他們選居之，可以希望獲得更大的行動自由，及煽動宣傳上更大的便利，況萊因州還有相當的普羅列塔里亞的分子存在。雖然克倫情形不同，其自身并不是萊因州內頂大的工業地；但在行政的意味及其他的意味上，克倫又正是萊因州的中心。再把時代加進去一考慮時，則克倫的住民又很不少——共有八萬。其最重要的機械工業是煉糖。香水工業也重要，不過不須要很多機器。織物工業自然更趕不上埃伯忽爾特(Elberfel) 及巴兒蒙 (Barmen) 各地。——但不管怎樣，總之馬克斯恩格斯之選定克倫為住所，總有他們的充分理由。蓋他們希望能與全德國保着接觸；——他們希望創立一強有力的新聞以為全國作保護者；——正因為這個，故他們于是又以為克倫最適宜。德國布爾喬亞西一八四二年最初有力的政治機關報之出版，不也是在這地方嗎?況為這樣一種機關報之發刊，一切準備工作早就都進行好了呢！——故他們就決心先從這地方下手，且首先就獲得了這初組織的報館之支配權。

但是這報是民主主義者團體的機關報。他們爲什麽亦想當作一民主主義的機關報而恃賴之的點，則恩格斯曾作過如下的說明。恩格斯說：當時還沒有普羅列塔里亞的組織，當時他們所能走的路只有兩條：一即立組織共產黨；二則先利用手邊的各種民主主義團體，使之全相結合，而復用批評與宣傳使其內部龜裂，以圖第二次組織而吸收素未加入各種民主主義團體的勞働者；——二者究當選那一個，當時他們所選的則爲後者。但這個選用法，在三月三日以後歌特洽爾和威里志一組織「克倫勞働者同盟」時，他們卻陷于苦境了，卽活像他們對這「同盟」有不大忠實之處似的。

歌特洽爾是一個醫生，在克倫貧民間很有勢力。他不是共產主義者；自其思想上說，和歪特林或歪特林的信徒還要轉相接近些。他是一個很好的革命家，不過太容易爲情感所支配。個人方面則絕無可非難的點。雖沒有受過一定的綱領之指導，但對于德謨克拉西也是很取批評態度的；在其第一次出席市民會議時他卽宣言『鄙人不是以人民的名義來參會，因爲在座諸君都是人民的代表；鄙人只是以勞動民衆的名義來參會的。』—— 他這樣地將勞働者階級與全體的人民區分得淸淸白白。他始終主張要採用革命手段，不過同時他又是一個共和主義者，他主張一切德國共和國要聯盟。這是他和馬克斯根本上意見不一致之一。他在克倫所組成的「克倫勞働者同盟」，立刻把克倫的普羅列塔里亞分子全部吸收了。差不多有七千人。在人口八萬的都市上說，實在是很大的數量。

他所領導的這「同盟」，不久卽和馬克斯恩格斯所組成的團體相衝突。同時他的這樣一個龙大的組織之中，必有分子和他不同色調，也容易想到。譬如莫爾，夏伯，雖是他的組織內的人，但和馬克斯恩格斯又密切地相結聯着。故「同盟」立刻要形成兩個派別。同時與這「同盟」相併立的又還有一個馬克斯恩格斯本人及其他許多人所共同組成的民主主義團體存在着

這些事情，都是馬克斯計劃的結果。一切的東西最後融合于一點。馬克斯恩格斯想設一個中央機關報，以之爲中心軸，以謀在其周圍鳩集：在革命鬥爭過程中必會形成•的一切將來的共產主義團體。機關報于一八四八年六月一號發刊•他二人之進去，自然更不是以民主主義者的態度進去的。而是以共產主義者—— 該民主主義的組織中之最左翼的共產主義者•的態度進去的 他們一分間也沒停過：對于德國自由黨的謬誤，尤其對于民主主義者的謬誤，加以猛烈的暴露與指摘。他們幹得這樣兇，不數月他們就失掉了出錢的後台老板。馬克斯在破題第一次的社論裏，把民主主義者攻擊得體無完膚。六月巴黎普羅列塔利亞失敗的消息傳

來時，即法國一切布爾喬亞政黨所援助的卡發加(Cavaignac)襲擊勞働者虐殺數千人.的消息傳來時,這民主主義的機關報,這「新萊因報」(Neue Rheinische Zeitung)發表了一篇論文,這論文在其攻擊布爾喬亞的劊子手及民主主義的擁護者.的力量與熱情的點上,現在還膾炙人口,呼爲今古無雙。

『巴黎勞働者爲其優勢的敵人的武力所粉碎,一一而被全滅了。但是他們固然敗了,他們的敵人也敗了。後者的暴力之一時的勝利,是由「二月革命」的一切魅力與幻影之破壞而購來的,由舊共和黨的完全解體而購來的，由把法國國民分裂成爲二部分——有產國民與勞働國民而購來的。三色旗的共和國，此後當只爲一色的共和國了，即敗衂者的色——血的色——的共和國了。換言之,那已成爲「赤色共和國」了。

『「二月革命」永不失爲光輝燦爛。那是全世界同情的革命；因爲其由反對王權而內部勃生的各種矛盾，尙能保着潛伏的調和，各于未發達的狀態之下同臥于一床。換言之，即爲其背景的社會鬥爭，尙不過是幻影的存在，口頭上的存在，言語上的存在。但反之，「六月革命」則是堪唾棄堪排斥的東西；因爲言語式的鬥爭已實變爲行爲上的鬥爭，法蘭西共和國本　已脫棄其保護隱匿的冠冕而露出了怪物的頭。

『我們作民主主義者的人，應爲這張口于吾人之前的深淵而自悞其思慮麼？又應認爲爲國家的新形態之創造而起的鬥爭是無意義的，錯覺的，一幻影麼？

『只有弱怯無用的心理之所有者，才會發這種疑問。布爾喬亞社會狀態自身之中所發生的鬥爭，是應該鬥爭到最後的末日的；決不能用什麼理由講什麼道理可以收拾的。國家的最良形態，是一切社會的矛盾不依暴力而被壓服•的形態；換句話，是不依技巧的• 外面好看的•手段而被壓

服的形態 更換句話，是矛盾應于公開的鬥爭中相衝突，而因以得到解決，的形態。

『誰能說對于那熱狂的民衆的犧牲者，國民軍，遊擊隊，護國軍，及戰線上的兵士，等，能忍着不灑一滴熱淚，不發一聲悲嘆，及緘口作金人不發一言？

『我們相信國家必爲寡婦孤兒謀救濟，法令必對他們表旌榮，莊嚴的葬式必運他們到最後的安息所 官公的刊物必憑弔他們的萬古不磨，歐羅巴的反動勢力亦必自西自東對他們表敬意。

『但是雖然如此，貧賤的庶民——爲飢寒所迫．爲輿論所詈、爲醫者所棄．爲當尊敬的強盜老爺們所痛罵爲殺人放火者．的貧賤的庶民，及被投棄在更慘澹的無底深淵的貧苦之中．的他們妻兒子女，以及僥免一死．得遁身國外。的他們最好的代表，——對他們淒慘鬱陶的前額飾以月桂之冠，其眞是民主主義者的刊物的特權，權利，義務。』

這論文是一八四八年六月二十八日作的。這様的文章，民主主義者自然作不來；唯有共產主義者才够資格。馬克斯與恩格斯，決不以其戰略欺天下。報紙遂停止了接受民主主義的布爾喬亞西財政上的援助。而實際地成爲「同盟」的勞働者及全國勞働者的機關報。別的「共產主義者同盟」的分子，這時候也已蔓及了全德，繼續其工作。其中一個是排字工人邦(Stefan Born)，値得說及一下。但他是不爲恩格斯所譽讚的；他採用別種戰略以行動。他最初住在伯林，就住在普羅列塔里亞中心地，故他始終以組織一個大的勞働者團體爲職志，爲目的。幾個同志援助他，他于是創刊一個小報「勞働者的同胞」，而于各形各色了勞働者之中大做其有組織的煽動。他和歌特洽爾，威里志又不一樣，他不僅僅止于組織勞働者的政黨。爲擁護勞働者的經濟利益計，他且想組織職業組合及其他。他拚死命地幹，故不久在隣近都市也形成了組織，且想擴大到全國別的地方去。但他的組織中有一缺點，即僅強調勞働者的純粹經濟要求而排斥其他要求。但也不管他怎樣，總之，「共產主義者同盟」的分子這時候已經在全國組成了純粹勞働者的各種團體了，南方以馬克斯爲首的別的同志又正在傾其全力組織民主主義的分子，以謀造成勞働階級在最民主主義的政黨中亦能作核心了，馬克斯也正是在這種精神之下邁進其工作。

「新萊因報」把一切根本問題都提出了。把從來革命的新聞事業所不能達到的理想都達到了。其分析的銳利，其新鮮，其革命的熱情，其廣汎深刻，都是有一無二

在我們未討論該報紙的根本原理 —— 決定該報紙的內外政策的根本原理以前，我們還不可不先檢閱一下該報紙的編輯幹部之革命經驗。馬克斯恩格斯都除「法國大革命」所供給的經驗以

外，什麼經驗也沒有。但馬克斯曾十二分注意地研究過該「大革命」的歷史，而且曾努過力想發見革命戰略的原理以備將來，因爲他和蒲魯東不同，他曾精當地看到明日的革命必要到來。但是他在「法國大革命」當中，到底學了些什麼經驗呢？這「大革命」是爆發于一八七九年的。其過程則很長，從該年起至一八九九止；即到拿破崙起完成其獨裁之年止。同時英國十七世紀的革命，也暗示過將來的革命是要經過長期的歲月而後有成的。「法國大革命」之初起，一般都歡忻慶禱以迎之。布爾喬亞西在革命勃發的最初曾握着被壓迫民衆的指導權而推翻了絕對主義。但不久，這勝利階級之中即發生了軋轢。軋轢的過程中，政權又落到了最極端的分子手裏。軋轢了三年之久，結果產出了牙哥班黨之獲取政權，才告一結束。馬克斯，他是對牙哥班黨之進展曾十分注意研究過的；他于是覺得在將來的革命中，那還是可以指導各種在長期政治行動的熱情當中所自然生長發展的各種勢力。

這個前提說明了他的錯誤　但他還長期間固守這意見未曾放棄，想他放棄這意見時還須幾多接踵而起的事實來爲之證明才行。革命第一次在西歐羅巴，果然有六月巴黎普羅列塔里亞特之慘敗。接着，普魯士奧地利俄羅斯的反動，又都得了機會抬起頭來。尼古拉一世，立刻向普魯士王表示願予援助。普王對于武力援助雖與以拒絕，對于金錢援助則與以歡迎。結果遂大蒙其利。同時尼古拉復對奧地利皇帝——匈牙利正揭竿而起反叛的奧地利皇帝，供給軍隊。奧皇復承受之。

以「法國大革命」的經驗爲根據的「新萊因報」于是提出戰略曰：打俄羅斯！——和俄羅斯開戰就是救西歐羅巴革命的唯一手段！巴黎普羅列塔里亞之失敗，是革命最初的打擊。法國大革命史曾詔示過：對革命運動之強大化上給以刺激的是當時聯合軍對法國之進攻，依此，穩和的各黨派始得以一掃無餘。領導權始得以歸于最能強硬地抵抗外患的黨派之手。法國始得于一七九二年八月十日變成共和國。——馬克斯恩格斯蓋預期此次反動派對新革命的戰爭，也將導成這種結果的。他們在報紙上總是那樣批評俄羅斯，就是這個原故。他們始終認定俄羅斯是德奧反動的後台老板。篇篇社論都想證實和俄羅斯開戰爲救革命的唯一方法。各種民主主義的要素，早巳爲這戰爭．爲這唯一出路．而準備好了，他們說。他們且認定和俄羅斯開戰必能給德國民衆以一種必要的動搖，——以去喚醒其一切革命的熱情。根據這個見解，故他們對于一切反抗現存秩序的革命的傾向，都加以擁護。匈牙利的革命，他們是最熱烈地擁護的；不久以前曾計劃過新的叛亂的波蘭人，他們也是最激越地擁護的。他們要求獨立統一的波蘭國之再建。同一精神之下，他們又要求德國統一爲一個共和國，及從前屬曾于德國及德國民族所住的幾個地方應收歸德有。—— 簡言之，隨什麼時候他們都曾忠實地保持着『共產黨宣言』的根本原則，—— 在其支持一切革命運動且導之以反抗現存秩序.的方法之下。

但是雖然如此，「新萊因報」對于其他各種事實之政治的方面也都盡量地論及過；這點我們決不可漠視，他們曾不斷地批評布爾喬亞西的政治行爲乃至官僚的政治行爲。我們檢讀「新萊因報」，常覺得其紙面裏記載普羅列塔里亞問題的部分過少.尤其在一八四八年中。而反之邦的機關報中，則儼如近代勞働組合的刋物，充滿了普羅列塔里亞事件的討論。馬克斯他們的報紙則關于勞働階級的要求的問題，直接地論及得很少。全部差不多都是完全投在政治的熱情之挑發之中，及民主勢力創造之煽動之中，以期藉此一舉西而解放德國于時代錯誤的封建殘餘勢力之下。

但是到一八四八年之末，情況變了。巴黎普羅塔列里亞六月失敗後已經漸次得勢的反動勢力，到這年十月更轉攻勢。維也納的失敗作開台，接着伯林的失敗又被導成。普魯士政府崛強的態度更劇，解散國民會議，發布欽定憲法。普魯士的布爾喬亞西對此不僅不作實際的反抗，而且拚命努力于人民與國王政府之間講求調和。

然他方面，馬克斯則主張王權在一八四八年三月已經打破，現在不應再有和王權妥協的問題發生。普魯士人民應該用自己的憲法，且應該不理會王權而宣言普魯士是一個不可分的德意志共和國。但國民議會裏則因自由主義民主主義的布爾喬亞西佔多數，他們都怕和王政最後決裂；直到被解散之日止都始終講求妥協。

馬克斯于是最後覺悟了：就是德國布爾喬亞西中的最左派也不足望，不足道。就是中等階級中的民主主義的分子，從前以爲是可以建立自由的政治狀態以資勞働階級之發展的，現亦證明了于這任務全不適用，全不適宜。

以伯林及佛蘭克霍特的議會的這種可悲的經驗爲基礎，故馬克斯在一八四八年十二月曾對爾布喬亞西作如下特殊的評論：

『一六四八年及一七八九年的革命，都使人起無限矜誇的感情而與感動，都矗立于新時代的門口；但一八四八年伯林人的矜誇，則是基于他們代表時代錯誤。的事實而成的。他們的光芒，和放射其光芒而自身消滅。該光芒又於十萬年之後才達于我們地球的居民之上。的那種星體的光芒一樣。三月的普魯士革命，正是代表歐羅巴這種星體的縮影，——除此以外什麼也沒有。換句話，其光只是久已滅亡的社會之死屍的光而已。德意志布爾喬亞西之發達既如是其遲鈍怯懦，與縮慢，在其對于封建主義絕對主義能給以危懼時，普羅列塔里亞特當然早已異軍突起力躡其後，同時利害與思想都和普羅列塔里特相同。

的都市居民的各層，也當然要反對他們。況且他們的敵人，不僅是這背後的階級而且包含着前面歐羅巴的一切。普魯士的布爾喬亞西和一七八九年的法國布爾喬亞西不同，他們不是擁護眼前社會的全體而和舊秩序的代表——王政，貴族，等相抗鬥的。他們墜落于一面和王政相對立．同時又和民衆相對立．的那種身分水平之中，他們因爲前狼後虎照顧不暇，于是對于狼虎的態度皆陷于優柔不斷．他們根本就是舊社會的產物，不是代表新秩序的利益以反抗舊秩序的利益的東西．乃是代表舊秩序內勉強期望新生活的人的利益的東西；唯其如此，故在破題第一步的出發點上就背叛了民衆而傾于和代表舊社會的王政相妥協。他們之握着革命之柁，并不是因爲民衆作了他們的背景，乃是因爲民衆把他們擠出到了前線，沒有辦法。他們并不是爲新社會新時代爭發言權而站在前頭，乃是代表舊國家的頹廢與缺陷起見而站在前頭。他們本是舊國家未曾顯出于地表上的一地層，眼前才爲地震所隆起，投出于新國家的地壳上的。他們自己沒有信仰，對于民衆也沒有信仰，只是對上層階級好多煩言，對下層階級深抱恐懼而已。同時他們對上下二階級的態度又都是利己的，而且利己的觀念又是很進步的，故對于保守者講革命，對于革命者講保守。他們對于自己所提出的口號并不信仰，口號在他們并不是理想，只是一句話。他們一方面對于世界的狂潮懷恐怖，同時却又想利用之。他們那一方面的努力都不來，然同時那一方面的剽竊都想幹一幹。他們沒有獨創力故爲平庸卑俗，然在其平庸卑俗之澈底中却又很具獨創性。他們能與自己的欲望相妥協，能不要發言權，不要自己的信仰，不要對民衆的信仰，不要一般歷史的使命，只如一個老衰瀕死的動物。然同時他們又好于其老衰的利益之中，作領導操縱新民衆的活潑青鮮的欲望。的夢。總之無目，無耳，無齒，無一切，——這就是三月革命以後指導普魯士國家的一切運命。的普魯士布爾喬亞西的本體』

馬克斯在「宣言」裏面對于進步的布爾喬亞西本曾有所希望；雖然講到和他們切實合作時他也曾附過不少的先行條件，但這希望現在總無法證實了。一八四八年秋，他和恩格斯于是就變更方略。他固然還不拒斥布爾喬亞西的援助，不割絕和民主主義團體的關係，但他的活動中心已轉移到了普羅列塔里亞的最深處去了。他和莫爾．夏伯，一塊兒集中工作于「克倫勞働者同盟」上。同時「同盟」也有代表參加在「民主主義者協會」的「地方委員會」裏面。自歌特洽爾被捕，莫爾當選爲「同盟」的委員長以後，共產主義者的勢力在「同盟」內更發展，歌特洽爾前所領導的「聯邦主義派」遂漸失勢而成少數。到莫爾必得要逃出克倫時，馬克斯屢辭不獲，復當選爲第三屆委員長。然翌年二月新議會選舉時，內部意見之不一致發生了。馬克斯一派主張勞働者在不能選出自己的代表的地方，可將其票投選民主主義者。但少數派則反對之。

三月四月時，統一在「民主主義者協會」的地方委員會裏面的勞働者和民主主義者之間的軋轢，更到了分裂不可避免的階段。馬克斯與其同志遂退出「委員會」。「同盟」方面亦召回其代表，而進行和那在東部德意志所組織的許多勞働者團體締結同盟。「同盟」自身則改組爲「中央俱樂部」。設九個「勞働者俱樂部支部」于各地方。四月底馬克斯與夏伯共同發一聲明書，招請萊因州及嘁士發里亞(Westphalia)二地的勞働者團體全部來開地方大會，目的則在于組織起來，且對六月在萊步滕希(Leipzig)開的「一般勞働者大會」選出出席代表。

但是正在他與其同志們着手于這勞働黨組織

的時候，一個新的打擊又落到他們的「革命」上來了。政府把「普魯士國民會議」收拾了之後，更決心收拾「德意志國民會議」。于是在南德方面，開始了所謂「帝國憲法」的戰爭。

在這兒我們還要指出一宗小事實——素爲一般馬克斯傳記者所忽視的一宗小事實。就是馬克斯當時在克倫的地位非常不安；行動非極端謹愼不可。雖然不是定要住在地下室那麽急迫 但政府一片命令隨時可以驅逐。至于爲什麽到了這麽一種特殊的苦境則原因如下。

馬克斯，他因爲曾屢遭普魯士政府不斷的迫害，曾受逐于巴黎也是這政府之所使，曾亡命于比利時也幾遭此危險，因此遂決定對普魯士不再忠順。自然，他對任何國家也沒表示過忠順，但對于普魯士則更決絕地表示拒絕忠順。普政府于是乘之。當他回到克倫時，克倫地方官一方面認承他是一個市民，他方面請于伯林政府，請其予以確認，而伯林政府則不許，說他的市民權已經喪失。——這正是他非常苦心于市民權恢復之餘，直到一八四八年後半期猶不能公開活動的原故。後來革命高潮，情況較善時，他不待說曾公開地出現于羣衆之前。但反動一高潮，壓迫更激烈的情勢一來，他又得立自隱匿，僅從事于文學工作，卽編輯「新萊因報」。——這又正是他屢辭「克倫勞働同盟」的委員長的原因。

戰略變更之後，「新萊因報」的政策也變化了。變化後的第一篇論文卽爲「工銀勞働與資本」(Wage Labour and Capital)。還有一篇長序文，說明過去爲什麼沒有論及過資本和勞働對立的原因。但這種變化已經太遲了。二月着手這個變化，五月德國革命就已完全粉碎。普魯士政府的兇焰已如暴風雨一樣席捲全國。軍隊已襲到了西南部。「新萊因報」當然爲該地最初被害者之一。五月十九日，于是出一有名的全紅色報，遂停刊。（該日報內載有佛萊里格拉士（Ferdinand Freiligrath 一八一〇——一八七九）的美麗的詩，及馬克斯警告勞働者對于政府的挑發應注意.的文字)。他亦立卽離開萊因州；且如一外國人一樣，委棄德意志而不復顧。編輯部的別人亦各奔前程。恩格斯，莫爾與威里志，則出發參加南德意志的「朱毛」隊伍去了。

「朱毛」叛軍，英雄地.同時無組織地。抵抗了普魯士軍隊數週之後，結果都逃往瑞士，轉入巴黎。「新萊因報」的舊同事與「克倫勞働者同盟」的舊同人等，也率于各地漂泊之後到了巴黎 一八四九年六月十三日巴黎示威運動失敗後，復同被驅逐.逃出法國。一八五〇年初，他們所謂舊「共產主義者同盟」的戰士，差不多全部又都集在倫敦。除莫爾死于朱毛之役外，其他馬克斯，恩格斯，夏伯，威里志，倭兒甫，等都到了。

但馬克斯恩格斯最初并不失望，——他看們

當時的著作就可明白。他們認爲這不過是革命進行中的一時的休止，跟着必立有一新鮮而更激深的地震要發生。爲免事起倉卒而早爲之所起見，他們于是想把組織更強大化，且和德意志更結緊些。舊「共產主義者同盟」于是改組了；西勒西亞(Silesia)布勒士羅(Breslau)，及萊因州各處的新舊分子概行加入。

但是不久就發生了意見衝突。爲下列的問題衝突且到了頂點。——

在一八五一年之初，馬克斯恩格斯還以爲不要若干日子革命必再爆發。故當時「同盟」曾發過兩個有名的訓令。列寧讀熟過，且常引用之。

這兩個訓令之中——兩者都只有在我們憶起一八四八年他二人所犯的錯誤而後能瞭解的——都說我們除澈底攻擊布爾喬亞的自由主義外，還應同樣澈底攻擊民主主義分子。我們應該集中全精力以創造一個勞働黨，以和民主主義的組織對抗。民主主義者我們應該鞭其屍而寢其皮。如果他們要求十時間勞働，我們就當要求八時間勞働。如果他們主張付價買收，我們就當主張無償沒收。我們應該用盡一切可能手段以刺激革命，延長革命，而不使之中斷。我們應該不滿足于一時的勝利。寸土寸得，皆當用之爲獲到更大的勝利之具．凡宣言革命已經成功的人，都是主義的叛徒。我們最後絲些的力，皆當用盡于顚覆破壞這現存的社會的政治的構造之上，直到舊的階級對立之最後的痕跡都永遠滅絕爲止。

但同時對于當時現狀之評價，則同志間意見殊不一致。反對馬克斯的以夏伯，威里志爲最；馬克斯則忠實于自己的方法論，對他們主張：一切政治革命都有其一定的經濟原因，都是一種經濟革命的結果。一八四八年的革命是因爲一八四七年除極東以外，全歐羅巴皆起了經濟恐慌的原故．他在倫敦把經濟現狀及世界市場狀態加過研究了，他的結論是現在的新形勢于革命的爆發殊不利，大家所預期的新革命之不能爆發，其原因幷不在革命者方面缺乏革命的行動與努力，而別有在。他把現狀精細分析之後，一八五年終且結論之曰：在這種經濟的開花期中，任何激起革命挑發暴動的想頭都必會失敗無效。理由就是當時一切的情形都于歐羅巴資本的發展特別有利。非常豐富的金鑛在卡里霍尼亞（California）與澳洲發見了；大羣的勞働者潮水樣地擁進去了。即一八四八年開始的歐羅巴海外大移民，一八五年已到了驚人的程度。

這樣經濟狀態的研究，于是導馬克斯于確信：現在是革命的退潮時期；一個新的經濟恐慌不起來，不再造成些更合式的條件，革命運動的再興無論不如何都不可能。但「同盟」中有些人不贊同這意見。「同盟」中素乏經濟學基礎的人，及素認少數果決的個人之革命行動爲很重要的人，特別地反對這種意見。于是舊「克倫勞働同盟」的分子威里志，夏伯等及舊歪特林一派，遂合爲一氣。他們主張在德意志應強行革命暴動。他們說他們所必要的只是若干的金資及若干的大胆實行家。他們于是開始籌措。想從美國借到一筆錢，以德意志爲活動地。馬克斯恩格斯及其親近的幾個朋友，則拒絕參加這運動。結果「同盟」遂分裂，成爲馬克斯——恩格斯派及威里志——夏伯派，兩派。

恰好這時候，尙存在德國之內的「同盟」支部，又偶遭失敗。一八五〇年以來，馬克斯恩格斯一方面努力于倫敦「同盟」本部的改組，他方面本又曾努力于這支部的強大化。爲聯絡支部方面的共產分子作成更親密的關係起見，秘密的使者尤曾屢由倫敦派往。但這時候使者忽被捕。于其身上搜去全支部同志的名册。于是大部分遂被拘禁。普魯士政府爲對德意志布爾喬亞西表示：各位在一八五〇年所失去的幾種特權幷不足悲。起見，特故意地開始一個大大的共產主義者裁判。結果，數個主義者被宣判長期懲役；勒士涅爾（Friedrich Lessner）(1) 也在內。在這裁判中，有一很醜惡的事實曾顯出——即偵探士滌巴爾（Stieber）假造供詞，妄加僞證，等等。

(1) 後來在紐約成爲有名的醫士的耶哥畢(Abraham Jacobi)，也是這次被告之一

當時馬克斯依同志共產分子之勸，作了一本小册子；在其中將普魯士警察此次對共產分子的迫害兇惡，詳加暴露。但這于被告們究也毫無裨益。故到判決完後，馬克斯恩格斯與其同志等，乃得一結論：即突遭這樣不幸的逆轉，德意等一切革命的聯絡又都已斷絕，「同盟」實在除候一個更凶少吉多一點的機會以外，沒有辦法。——一八五二年，「共產主義者同盟」于是遂正式解散　威里志——夏伯一派則還延長了一年。有的到美國去(2)了，夏伯則還留在倫敦。數年之後，他自認自己一

八五二年的錯誤，與馬克斯恩格斯復敦舊好。

（2）威里志後在美國南北戰爭時，曾作北軍一將軍。

第六章

五十年代的反动。「纽约民报」。「枯里米亚战争」。马克斯恩格斯的见解。意大利问题。马克斯恩格斯和拉萨勒的意见龃龉和霍格特的争论，对拉萨勒的态度。

「共产主义者同盟」一解散，马克斯恩格斯二人长期间的政治活动为之中断。一八四八九年起開始的反動，日更猛烈，到一八五四年達于頂點。一切自由的政治活動的痕跡，都被磨滅淨盡。勞働組合更被嚴禁。出版自由則在一八四九年的紛擾中失去了。在普魯士碩果僅存的爲一國會，然國會也變成了非常反動。

馬克斯恩格斯現在碰着非常苦痛的吃飯問題了。當時他們二人所遭遇的物質的困窮，我們差不多不能想像。要恩格斯向他的父親去低頭，向他金多而意見積不相能的父親去低頭，我們的恩格斯未免太傲慢了。他和馬克斯于是想找些文字生活做做。但德意志他們是無從問津的。美國則他們找到了爲勞働者機關報執筆的機會。然而這是一錢也弄不着的；只講工作不講報酬，雖然這是好機會。

馬克斯在美國一報紙(1)上發表他歷史作物中最具感動力的一篇，卽『路易，波那拍特的霧月十八日』(The Eighteenth Brumaire of Louis

Bonaparte)，正是這時候。在這裡面，他把「二月革命」研究得最精深。他一步一步地突破一切難關，溯論到階級鬥爭之于革命的命運•上的決定的影響。他把當時種種的布爾喬亞西——連最民主主義的分子也在內——怎樣層出不窮地陷害或拍賣——有的出于故意•惡意•有的出于無心•及不得已•——普羅列塔里亞特于將軍及劊子手們的事況，全表出來。又把當時的情形怎樣一天一天的不良地形成下去•最後遂爲那麻木不仁的蠢材——拿破崙三世奪去政權•的實況，全表出來。

(1)一八五二年紐約 Josepf Weydemeyer 所主編的「革命報。」

這時期，馬克斯物質的窮苦更利害了。來到倫敦的頭幾年中，死了兩個孩子，一個男的，一個女的。女的這個死時，眞是連買棺材的錢都沒有.

恩格斯咬緊牙齒，只好又決心回到「狗的生意」上去；——他素來對于做生意是這樣稱呼的。

結果在他父有的英國分店內找到了一個地位，他于是搬往滿竭斯特。最初他不過作一個店員。然亦不能不設法博父親的歡心與支店信任。即必得設法示其做生意的本領以便保持飯碗，

馬克斯則滯住倫敦。「共產主義者同盟」早沒有了。僅有少數勞働者以「勞働者教育協會」作中心而存在，以作裁縫作刻字工人為餬口。但他到一八五一年末，突得到一個為「紐約民報」(New York Tribune)做文章的機會。這報在當時是最有勢力的。其編輯者之一當納(Charles Dana)又曾到過德國，一八四年革命時且識馬克斯，故他現請馬克斯為該報作些關于德國的事情的連載論文。他在克倫時曾知馬克斯在德國新聞記者界上地位的重要。現為德國人的閱者的利害起見，(革命中由德來美的移民數異常增加)，他更決心增大「民報」的篇幅以謀登載西歐羅巴消息。但這同時是一意外的招聘，在馬克斯感着好些困難；因為他在當

時還不能用英文作文。他于是求助于恩格斯；結果成立了一種非常奇妙的合作形式。即在前述『共產黨宣言』時，雖也是他二人連名發表，大部分則是馬克斯所作。恩格斯在其中的貢獻，與其對共著『神聖家族』中的貢獻一樣，非常微少；這次則不然，大大部分是出諸恩格斯之手。他的這些論文，後來編成一單行本，題爲『德國的革命與反革命』(Revolution and Counter-Revolusion in G rmany)。一般都以爲著者是馬克斯，然我們現由二人來往的信札看，很能知道眞著者確是恩格斯。但根本思想上則還是二人的合作。因爲恩格斯是以馬克斯所提供的各種思想與事實爲基礎而執筆的，尤其是以二人前在「新萊因報」上所作的論文爲基礎而執筆的。——總之馬克斯與「紐約民報」的關係是這樣開始了。一年以後，他充分把英文弄好之後，才自己執筆。

換句話，一八五二年以後，馬克斯復得了一個發表自己思想的定期刋物。所可惜的，只是這刋物不在歐羅巴，美國的讀者，唯于其中想求到自己的特殊問題的解答。他們對于歐洲的事情固然也感興趣，但唯在于該事情對美國的事情生過影響的才如此。在五十年代，北美合衆國最緊切而又最惹人注意的問題是奴隸的廢除問題。其他則爲影響于南北美諸州的自由貿易問題。

「紐約民報」是主張廢除奴隸，釋放黑奴的，但對于自由貿易和保護貿易兩方的爭持，則澈底地擁護後者。馬克斯關于奴隸廢除問題，和報館的意見完全一致。關于保護貿易問題，則和編輯者們所見不同。關于其他各種問題，他從歐羅巴供給了很多材料。

從一八五三年春起，歐羅巴各種紛擾的情形又進展得很快了。不過這種進展不是由于下層的推擠而成，我們要注意。換句話，歐羅巴的主要各國如俄，法，英，素來都是以維持秩序爲能事的，現在又忽然彼此間扯起皮來了。卽支配階級和支配民族的特徵，忽然暴露起來了。革命的恐怖一解除，她們——德法英俄諸國間素有的轕藤又浮出水面來了。一八四八年的革命以前就曾磅礴于諸民族之間的敵愾心，爲鎮壓革命起見一時爲必要所迫雖曾共同聯合，使之中息，但這時候又燃燒起來了。俄羅斯，她對西歐羅巴的「秩序」恢復上曾那樣帮過忙，現在像是要要求報酬似的出來了。她以爲現在正是對巴爾幹半島伸手伸脚的最好時機。從前就想把土耳其的領土漸次蠶食下去的野心，現復抬頭。尼古拉一世周圍的那些以眼前爲侵略政策的好時機的一羣徒黨，正大得勢。他們以爲法國必不至于反對；英國保守黨正執政，顧到兩國間現存的國交，也決不至于干涉。于是爭論遂表面上從救世主耶穌墳墓的鑰匙問題上開始，骨子裡則達達涅爾斯(Dardanelles)海峽才眞是爭端的源泉。

數個月後，形勢太迫切，英法雖都不願開戰，雖都知道開戰沒好處，但卒被逼着都得向俄宣戰。于是重把近東問題提出于國際表面的有名的「枯里米亞戰爭」(Crimeau War) 遂爆發。馬克斯恩格斯依此也得到了評論時局的機會，雖然評論的舞台遠在美洲。他們二人對這戰爭，大々示而特表示其歡迎。因爲他們以爲這要不外是三大強國——反革命的支柱——的內訌；強盜內訌時，忠厚的百姓們總可得些好處。他們是從這見地上觀察這戰爭的。對于交戰的兩方，同時還保着明確堅決的態度自不待說。

關于這問題還有多少詳述的價值，因爲他們二人在這五十年代所取的立場，爲後來討論對付戰爭的策略時常被引作先例看。一般都認爲在這戰爭時，他們二人都是站在土耳其方面反對俄羅斯。但我們知道他二人之反對俄羅斯的重大意義一是在于反對俄羅斯的耑制政治，認爲是歐羅巴反動的支柱；二是在于認爲對俄羅斯開戰可激起德意志國內革命勢力的發動，可成爲德意志國內革命勢力發動的動因；——的二點上。唯其如此，故他們當然歡迎對俄開戰，且對俄國給以最痛烈的批評。（在其文字的協作上，恩格斯耑管軍事方面，馬克斯則管外交經濟兩方面。）

但是他們雖反對俄羅斯，可能說他們就是教養，文化，進步，方面的同氣者麽？又能說因爲他們宣言過反對俄羅斯，實際上他們卽已站在開明進化的英法人一邊麽？—— 如果有人作這種推想，那人不待說犯了很大的錯誤。因爲英法之受他們的詈駡，和俄羅斯幷無軒輊，拿破崙（三世 和拍默士呑（Palmeston）盡死力想比喻此戰爭爲文明進步的十字軍反抗亞細亞的野蠻•的戰爭，被他們痛擊得體無完膚。同時說他們是喜歡土耳其的，也是滑稽之尤。土耳其較俄羅斯尤爲「亞細亞的」•尤爲野蠻•的事實，他們二人誰也不會閉着眼睛不看。他們對一切關係國家都是一樣地加以痛烈批評的，絕未表示過什麽例外。他們只有一個標準：就是他們所論評的該事件，該情形，究能否爲來日的革命給以速成。他們批評英法二國的行動也是站在這見地上；蓋英法二國——如上所指摘——都是不高興地無精打彩地投入這戰爭，而對尼古拉一世之頑拒妥協引爲不滿的。——總之支配階級之足恐怖已充分證實了；戰事很像還要延長下去，結果果從一八五四年戰起，至一八五六年巴黎條約才告收局。英法二國內工農羣衆，都因此引起了很大的激動，拿破崙與英國支配階級也不能不承認一些羣衆的要求，而表示讓步。同時戰事的結果，既是俄敗而法英土勝，俄國內遂生出所謂「大改革」的要求。因爲以時代錯誤的農奴制度爲基礎的國家戰不過資本主義發達的國家的眞理，由這次戰事完全證實了。故遂不得不考慮農奴的解放問題。

但是一八四八——四九年的爆發時代以後，淪陷在昏眠狀態的歐羅巴，最後要使之動搖時，還須要一個震動。我們還記得：當馬克斯恩格斯和威里志——夏伯一派分家時，馬克斯恩格斯曾明言過新的革命之發生當待于新的經濟大動搖而後可能，一八四八年的革命是一八四七年恐慌的結果，此後的新革命亦必如此，云云。但現在產業界非常好況，從一八四八年起到這五十年代初期更擴展到非常大的範圍，雖「枯里米亞戰爭」亦不能給以大的打擊。

這好況簡直像要無限地繼續下去的樣子。然馬克斯恩格斯則在一八五一年就深信下次的恐慌最遲也必于一八五三年要發生。根據他們——尤其恩格斯——過去的研究，他們都認為恐慌是資本家生產領域內週期的齟齬，隔五年乃至七年必再發生。故依其計算，一八四七年後的恐慌應在一八五三年頃發現。但他們錯誤了一點點。資本家的生產通過于其盛衰起伏之間的時間，常較他們所計算的要長一些。即恐慌在一八五七年才勃現；于前古未聞的廣大的範圍之下，且來勢非常險惡。

馬克斯雀躍地歡迎這恐慌，雖然于他個人除窮迫外別沒絲毫好處。他從「紐約民報」所得的收入，本來就不是怎樣了不得；最初是十美金一篇，後來也不過十五美金一篇。不過較之初來倫敦的幾年，這收入再加以恩格斯的援助——恩格斯在美國各報上投了許多的稿，所得的稿費悉以助他，使他恰能收支和償罷了。他這時候，除這「民報」及『資本論』二者繼續執筆外，還要找出時間來為憲章黨的機關報「民報」（Peaples Paper）無報酬地作文。

一八五七年的恐慌一來，他的情況更特別變壞。合衆國最初就受這恐慌的打擊「紐約民報」至于不得不節省經費；國外通信被縮小到最小限度。他于是又得負債，又得四處找工作。這個窮況直繼續到一八五九年。才多少緩和一點。而對于「紐約民報」，則到一八六二年才告最後的終結。

但是他個人方面的情形雖非常不幸（這時期還有種種別的不幸的事情也來了，）他的革命展望則再沒有比一八五七年以後還樂觀的。誠如他所預言，新的經濟恐慌果然在全世界各處甦醒了革命運動。美國的黑奴廢除，俄國的農奴解放，尤成爲急待解決的焦眉問題。布爾喬亞的英國，也得舉其全力以對付印度的大暴動，西歐羅巴也在動亂狀態當中。

一八四八年的革命留下了好幾個未解決的問題。意大利還是沒有統一。她的北部的大部分還在奧地利手裏。匈牙利爲俄羅斯武力的援助所粉碎，再被繫于奧。德意志還是依舊堆積着大大小小種種樣樣的公國與王國，普魯士與奧地利也還是爲領導權起見，卽爲爭德意志聯邦的霸權起見，不斷地吵擾與爭持。

一八八五年時節，全西歐各國內的反抗運動與革命運動都開始發動了。老沒解決的各種問題又提到面前來了。德意志內爲統一而起的糾紛又浮出了水面。「大德意志派」——主張包含奧地利在內將全德意志統一起來的——與「小德意志」派——主張以普魯士爲中心，除開奧地利其他都聯合起來的——之間的鬥爭，還是繼續着。

在意大利，同樣也甦醒了這樣一種民族的熱望。法蘭西則一八五七年的恐慌，破滅了許多膨脹的企業，尤其是纖維工業。小布爾喬亞也開始表示其反抗精神。下層的革命團體更明示其新鮮的壯氣。「六月革命」失敗以後已成了瀕死狀態的勞動運動，又復活了，尤其是營造業與裝置業兩方面的勞工。俄羅斯也依莫斯科多數企業的連續破敗而嘗受了資本主義最初的洗禮；而開始了跛着脚走上自由主義的改良之路。

爲打開內部的難關起見，各國政府——第一尤其是拿破崙——都想于對外政策上紛飾張皇以移轉人民的視綫，拿破崙尤其鑑于一八五八年意大利革命家倭西尼（Orsini）的行爲，深知道警察并不是萬能。他于是迫得沒有辦法，只得對民衆的不平也加些考慮。卽他爲消弭勞働大衆的革命情緒起見，于是提出一很進步的口號曰：我們應解放意大利于奥地利鐵鎖之下。他立刻和薩底尼亞王的首相加富爾結密約。而這薩底尼亞（Sardinia）在意大利所演的脚色，正和普魯士在德意志所演的脚色一樣。

御用新聞方曉曉吹噓：問題 只是意大利的統一問題，然其實拿破崙據以爲援助薩底尼亞的根據•的實際條約，則完全與內容不同；換句話，內容并不是意大利的統一，乃是薩底尼亞得割取蘭巴的（Lambardy）與威尼士（Venice）二地•的擴張領土。同時又是規定法皇的領土不得染指，拿破崙得占領尼士（Nice）與薩霍耶(Savoy）二地以作賠償的。蓋拿破崙介于國內左派與僧侶之間，苦于不能和法皇相爭，故就反對意大利的實際統一；

乃作此巧譎的密約以制薩底尼亞；同時復希望由上述二新領土之獲得可以滿足國內的愛國者，而自己能鞏固其地位。

但這一來，新的而且極其重大的政治問題發生了；全歐洲，尤其各國的革命家，概被這問題擾得坐立不安。革命家與社會主義者，對此到底應持什麼態度呢？他們應該站在拿破崙這方面麼？——不錯，拿破崙已如一個革命家的樣子招搖過市了，且已主張自由主義的原則，說意大利應有自决權了。抑他們應該爬到奧地利那方面去麼？——那樣一個嵩制主義的桀紂，那樣一個意大利匈牙利的暴君。這眞是一個最重要最重要的問題。對這問題的解答之不同，於是指出了一方面馬克斯恩格斯等的戰略與他方面拉薩勒（Ferdinand Lassalle 一八二五——一八六四）的戰略•之相異。

上來我們老沒工夫說到拉薩勒，雖然他早就是馬克斯第一期學生之一，且於一八四八年的事件也參加過。現在也不暇談及他的傳記，因爲如果這樣一來，我們的主題將大大地轉入岐路。——總之他在五十年代，在監獄內住過一短期之後還停在德國內繼續其科學的研究，同時復和馬克斯恩格斯等保持舊有的關係。但一八五九年中，他們裏面關于意大利問題發生爭論了。這爭論是一個極有興趣的爭論，最後爭論的兩方且在同一黨內結成了兩派。其爭點約言之則如下：

拿破崙三世及其爪牙，非常長於操縱輿論。和在「枯里米亞戰爭」時一樣，他的小册子與小宣傳品等又在市場上氾濫着；其中他的自由主義及關於意大利問題的正義主張，都高調到了十足加一。許多忠厚的新聞記者及更許多許多傭來的新聞記者都參加這文字戰爭。義勇兵大部分從匈牙利人及波蘭人的僑民中募到了。這些義勇兵，在數年前認「枯里米亞戰爭」爲進步與文明對亞細亞專制主義的戰爭，曾武裝起來組織幾個大隊去援助過拍默士吞與拿破崙；這次他們匈牙利人與波蘭人的僑民，除極少數外復主張現在拿破崙是爲進步而戰，爲一般民族自決而戰，馳而援之是一切眼光遠大的民衆的義務。他們——其中恬然接受拿破崙的金錢的自然也不少——於是都起而投入意法聯軍之中。

奧地利自然也沒有睡着。她買收許多著作家，盡力于想宣傳這次戰爭在奧地利是因爲想保護全德意志的利益而奮起的；因爲使拿破崙而征服了奧地利，則萊因必歸其手；如此則在奧地利所不能釋然的不是意大利而是德意志；換句話，奧地利現在之想保持北部意大利的支配權，目的正在于想保護德意志；云云。

歐羅巴新聞界當時的意見，正是這樣地涇渭分流。在德意志自身，則問題依「大德意志」派與「小德意志」派的爭持更趨于糾紛。前者既希望連奧地利統一成一全部的德意志，自然傾倒于奧地利方面；後者素只傾倒于普魯士，自然主張奧地利的事我們不管。雖然其中還有種種的色度不一，但畫面的本質則如此，決未嘗變。

但一方面的馬克斯恩格斯和他方面的拉薩勒，其態度究如何呢？他們都是守着『共產黨宣言』的原則的。一八四八年革命時，他們都是主張連奧地利的領土一起，形成「聯邦德意志共和國」的看起來，他們彼此之間似乎不應有意見的出入，但實際上他們當時的出入，決不淺于一九一四年世界大戰初起時同在馬克斯主義立場上的種種社會民主黨之間的出入。

馬克斯恩格斯在其論文與小册子中，都力論爲保萊因起見德意志不必要意大利的北部；使奧地利放棄一切意大利的領土而歸之于統一的意大利國，是德意志所可能的；任何以爲支持奧地利即是保護德意志的利益•的行爲，都是表示和奧地利的耑制主義相妥協的，萬萬不對。

馬克斯恩格斯是沒有矛盾的。他們之激烈地

攻擊拿破崙，和他們之激烈地叱責奧大利普魯士的反動是一樣的。他們以爲拿破崙的完全的勝利，當和奧地利的完全勝利同質，都是災禍。恩格斯認定拿破崙如戰勝了奧地利，必還會來攻擊德意志。故他進一步說，意大利的統一和德意志的統一都應依其國內各種的力速速完成。又說，革命家不可總支持一方面。他們唯一的事業就是考慮普羅列塔里亞革命的利益，他們不可看過潛伏在舞台後面還沒有顯現出來的別一個要素。他指出來了，并且證實了：拿破崙如果不能確信俄羅斯對自己的行動的默認，即如果不能確信俄羅斯必不會帮助奧地利，則拿破崙必不敢向奧地利宣戰。他想到俄法之間，關于這一點很像已有一種諒解存在。因爲「枯里米亞戰爭」時，奧地利曾那樣以「卑怯的忘恩」態度報俄羅斯，而俄羅斯則于匈牙利革命時曾那樣「犧牲地」那樣「無慾地」援助過奧地利。換句話，即此次借拿破崙之手以撻伐奧地利，在俄羅斯必別無遺憾與躊躇，是很瞭然的。自然，使俄法之間除諒解外還有密約存在的話，即有俄將助法的話，則德意志自然也有義務馳去助奧。但如果這樣，則同時德意志又非早已是一革命的德意志不可。而這時候的情形又必和一八四八年革命時代馬克斯和他所算計過的情形相類無疑。即就是必會形成一革命與反革命的內戰。布爾喬爾西必無能力結集一切的下層階級；必連續地讓其地位于日趨急進的政黨；結果必造成最極端最革命的政黨——普羅列塔里亞政黨的勝利。

——以上就是馬克斯恩格斯的見解。拉薩勒對這問題則觀察全然異趨。在某一程度之內，他們這種見解的不同本可由他們所直接身處的客觀情況的不同去作解釋。蓋拉薩勒住在普魯士國內，地方的普魯士的情況把他束縛得非常的緊。馬克斯恩格斯則住在英國，站在世界的觀火台上；觀察歐羅巴事件時總是站在世界革命的見地上，決不單站在德意志，更不單站在普魯士的見地上。

拉薩勒這樣立論：德意志最危險的敵人是國內的敵人，即奧地利。她比自由主義的法蘭西危險，比已經走上自由了主義的改革初步•的俄羅斯亦為危險。她是壓死德意志至于不復能堪•的反動的基柱。拿破崙，雖然是一個篡奪者，却是一個自由主義•進步•文明•的實現家。——所以在他就覺得此次戰爭中德意志的民主主義者應讓奧地利去聽天由命，而奧地利的敗北更是最好最應該希望的一回事。

我們讀拉薩勒關于這問題的各種文章——其對拿破崙與俄羅斯的讚賞及對普魯士當局之極端溫謹等——時，為免除不要被他鬧糊塗了起見，格外要費勁。我們時時要記得他是用一個普魯士民主主義者的派頭，向普魯士的支配階級與貴族等力言奧地利之不可援助而期望他們對他的意見點頭的，但是雖然因為披了這麼一件民主主義的外衣，其實他眞實地表出其思想時，也和馬克斯恩格斯思想，劃然兩樣。這兩樣，到後來并且生出了更重大的色相來。他因爲被立刻實際的成功的欲望所迷，及決心做一個「實際的政治家」而不做信仰的理論家起見，捧出了許多議論與證據來；然這種議論與證據，結果使他對支配階級不能不負義務，對他所想說伏毋去援助奧地利的人們又不能不脅肩諂笑。他對奧地利所加的謗罵，對俄羅斯所表示的溫和，對普政府所捧呈的阿媚，——概只能于不是用黨的名義執筆•的一個政論家的熱狂，去觀察，此外則絕不可能。而這種戰略，後來由他用之于直接實際的鬥爭時更曾危險百出。

然法奧之戰，結果乃反乎兩方所預期而告了終結。即最初奧地利方面，因反對者是一孤小的意大利，雖然獲了勝利，後來則敗于法意聯軍。而到戰事漸帶民衆的性質，及意大利的實際統一和法皇領域廢止——二者的威脅一來，拿破崙又忽接受俄羅斯的調停，匆匆捲旗而去。薩底尼亞于是沒有辨法，只好僅得一蘭巴的以爲滿足。威尼士則還在澳國手裏。拿破崙則爲賠償法國的血與錢起見，自取了薩底尼亞王的故鄉薩霍耶；并且爲對意大利有名的革命家及統一運動的戰士加里波的（Giuseppae Gribaldi一八〇七——一八八二）•證實他自己不爲和一些戴王冠的無賴漢所締結的信約所迷起見，又把加里波的的故鄉尼士市及其隣地都吞去了。—— 這卽是「自由主義者」拿破崙，于一羣自由主義的蠢東西及被玩之于股掌之上地玩了一回的一羣革命家• 的如雷貫耳的喝采與鼓掌之中，大擁護而特擁護其意大利及其他被壓迫民族的「自決權」的一回故事！拉薩勒于是也發見了拿破崙并不較奧地利好，幹起馬基亞非里式的（Machiavellian）陰謀詭計時，而且較奧地利遠勝一籌。這時候意大利自然還是分割的狀態。僅僅薩底尼亞擴張了些領土。意大利于是勃發了強烈的革命運動，因爲在拿破崙這種陰險政策之下太感受了幻滅，激發了悲憤。爲首的就是那高潔的革命家•同時又是拙劣的政治家•——的加里波的。一八六一年，意大利遂一變而爲統一的王國，只有威尼士一地尙未收歸版圖。其後更進一步的統一 則是由布爾喬亞的實業家及加里波的派的變節漢，與投機者流，等所幹成的。

馬克斯在法奧戰爭時還有一個文字戰爭不能不參加。就是如上所述，全德國的民主主義者對該戰爭曾取過一堅決而又和馬克斯不同的立場。他們裏面最有名而又最有勢力的是霍格特 (Karl Vogt一八一七——一八九五)；講起來他也是一個老革命家，在一八四九年時也曾被趕出逃到瑞士。并且他不僅僅曾活動于政治界；而且是一大大的學者，負享歐羅巴的盛名。他是一個自然史的唯物論 (Nature-historical Materialsm) 的主要的代表：許多人，尤其布爾喬亞的學者，因此常以之混同于馬克斯恩格斯的唯物史觀。他的勢力于是很廣大，不僅在德意志民主主義者之間，即在國際的革命僑民常中——尤其波蘭人意大利人匈牙利人中，也如是。他在日內瓦（Geneva）的家，幾有政治中心地之觀。故在拿破崙，就極想拉攏這樣一個著名的學者•且爲德意志民主主義的首領人物，以作爪牙。同時這老教授的虛榮心與牛皮性既都特別地強，自然也就很容易辦到。加以他和拿破崙的兄弟布郎•布郎（Plon-Plon）公爵又是莫逆之交，公爵是一個大大的自由主義者，又是一個科學的保護家；他分配于種種僑民團的代表的金錢，概是公爵代出的。

總之當我們的教授鮮明地出山，站在拿破崙與意大利這一邊時，僑民革命者中起了一種非常偉大的感激是不待說的事。但在這種時候，同時又常有這種事：即是僑民之中和馬克斯恩格斯關係很密切的，以及和共和主義的僑民們還沒斷絕來往的，種種都有。當時共和主義僑民中有一叫布林特（Karl Blind）的，他對幾個共產主義者叫說霍格特得了拿破崙的錢。倫敦某報于是爲之揭露。奥格斯堡（Augsburg）報的訪員里布克涅希特（Wilhelm Liebkuecht 一八二六——一九〇〇）復爲之訪載時，霍格林竟提起損壞名譽的訴訟，而因別無于他不利的文書證據存在的原故，他又得了勝利。

勝利之後，他大得意而特得意，更爲此事出一小册子。在小刪子之中，他又看透了里布克涅希特如沒有馬克斯在後面指使，必一事也不能幹，一字也不能寫，他于是將攻擊之矢全集于馬克斯。他說他有眞實的證據，馬克斯是強盜團與僞造團的領袖。舉凡『眞誠』的民主主義者所能想得到的惡言惡語，他都用來駡共產主義者。誰也知道他自己素以生活裕樂爲事，但他現誣攻馬克斯，說馬克斯用了勞働者的錢，生活很闊氣。

他這小册子，依他這攻擊者的的大名及被攻擊者的馬克斯的大名，(馬克斯那時候正出版了『經濟學批判』(Critique of Political Economy)，一時轟動了一般；布爾喬亞的新聞尤如一般所預期，對之大加欣讚。其中特別是曾認識過馬克斯的那些墮落文丐，活像現在得了機會對馬克斯撒爛汚似的，都彈冠相慶。

馬克斯在其個人方面，本素來主張新聞報紙無論怎樣批評公人都有權利。他說凡是公的生活的人，都有受賞讚或受排責的特權。被石頭打了麽？被腐朽的檎果投中了麽？——這都不算一回事。普通横逆之來是無限制的，他素來絕對不予理會。唯于主義上有必要時，他才肯為之答復。而一到答復時，則就毫無容恕。

霍格特的小册子出來之後，答復好還是不答復好的問題發生了。拉薩勒與其周圍的德國人，都主張不理會。他們看見霍格特官司打勝後在社會上得了不可一世的輿望。他們覺得這偉大的民主主義者遭里克淖希特的暗擊，爲保護名譽起見，心情上多少逸出了常軌。再打官司時，必再給他以勝利；因爲別無實據足以使他敗訴。故最好的方法就是不理他，而靜待輿論的平息

這樣卑俗的見解，自然不足以動馬克斯。個人的攻擊固可蔑視之不予答復，黨的名譽則不可不擁護。不過雖然如此，馬克斯和其最親近的朋友們，這時候雖還深信霍格特確曾得了拿破崙的賄賂，情勢則又確于自方不利，很陷于苦境；因爲布林特及其他僑民等現都翻供，取消從前自己所說的話，致里布克淖希特陷于造謠生讒者的境地。

然最後還是決定答復。想把霍格特弄到法廷上來是做不到的，因爲普魯士的法院是不公平的。無已，唯一的方法就是文字攻擊。馬克斯自己起來担任這難題。但這一來我們又跑到和前述的默林，意見非常不一致的地方來了。在默林，以爲馬克斯

可以省無限的勞苦與努力，及于其一生的大事業毫無補益的貴重時間，只要他不參加里霍二人的這爭論。但這種辦法，自然和馬克斯的行為根本不相容。

默林完全把僑民裏面所起的根本意見衝突，漠視了。同時又沒有看清楚這次事件表面上雖像是私人間的問題，背後則含有布爾喬亞政黨與普羅列塔里亞政黨間深刻的戰略的不一致，及普羅列塔里亞政黨內部——如拉薩勒的情形就可看出——已起了危險的動搖。又沒有注意到馬克斯的反霍格特的著作中，包含得有對拉薩勒一派一切理論的批評在。

現在我們要轉眼看該著作『霍格特先生』(Herr Vogt)本身了。自文章方面看，這著作是馬克斯論爭文中的最優品。同時還可以說在一切論爭文字中今古無雙。我們知道拍斯卡(Pascal)有攻擊接修易(Jesuits)的有名的小册子在。十八世紀

文藝中又有勒辛(Lessing)攻擊其論敵的小册子在。但這些以及其他種種,都是文藝上的討論,和馬克斯這個根本有別

在『霍格特先生』裡,馬克斯的目的決不僅是想把依學識與政治材具得到了布爾喬亞社會的崇拜的人物,消滅下去而止。自然,在這方面的工作他也充分地成了功。當時他所持以爲材料的,僅僅是霍格特已出板的各著作。至于那些主要的證人則都翻了口供。故他只能將霍格特的一切政治著作都拉來而證明之爲拿破崙黨(Bonapatist),且證明霍格特的主張全是一字不苟地重述那被拿破崙買收了的走狗輩的主張,——爲之一一引證。最後于是結論之曰:霍格特如不是一個痴愚地將拿破崙黨的議論依樣學舌而自鳴得意的鸚鵡,就必是和其他幾多被拿破崙買收了的文丐們一樣,也是一個被豢養的走狗,——把這結論發生的經過一讀時,我們誰也差不多不能不信:歷史必就會

把霍格特受賄的收條暴露出來。

但馬克斯決不僅在這種政治的意義上鞭笞霍格特的屍。他的那小册子，決不僅是惡聲與毒駡所織成。他還對霍格特用了一種特殊的武器——譏誚，揶揄，冷笑；他于這方面，又是特具天才的名手。每章每章下去，霍格特先生的滑稽樣子，更鮮艷地浮彫于表面。這大大的學者與大大的政治家怎樣變成了一個傲慢而又好饒舌的發士塔甫(Falstaff)(1)及怎樣喜歡用人家的錢以供自己的遊蕩，的種種樣子，都畫龍點睛地浮在我們面前。

(1)發士塔甫是莎翁戲曲中的成物，肥大俗野無聊的東西。

但是霍格特背後還隱約地藏有德意志布爾喬亞民主主義的最有力的部分。馬克斯于是又得揭破這部分——這德意志民族的「國花」的政治意識之爲怎樣愚陋，揭破這部分內的大人先生們一方面和共產主義者的壁壘相接近，他方面又對于所謂「學者」之前不能不低頭的醜態。

——要之霍格特卑劣的計劃，對革命的忘命家中最困窮而又最急進的一派投以汚穢•的卑劣的計劃，只足以供給馬克斯描刻在朝在野的各種布爾喬亞政黨之所謂「道德的」「正當的」肖像•的機會而止；特別是供給他剔摘布爾喬亞世界內賣淫的刊物的特徵•的機會而止；——布爾喬亞社會內的新聞雜誌的特徵，是以賣言語文字以得利潤•以成資本家的企業的，和資本家以賣肥料以得利潤是一樣。

在馬克斯的生存期中，研究一八四九——一八五九•十年之間的歷史的人，就都已承認這書爲對這時期各政黨最具深刻的觀照之著，此外別無儔匹。現今的讀者，想一一明瞭其微細點自然別必須有一種註釋才行，但該著在那時期之政治的意義之重大，則還是誰也容易瞭解。

結果拉薩勒也不能不承認馬克斯作了一名著

了，從前一切憂懼皆爲無病而呻了，霍格特之政治的領導地位于是從此永遠壽終止寢了。

在五十年代之末六十年代之初，小布爾喬亞西與勞働階級間一新運動勃起時，對都市貧民的爭奪戰爭日激化時，證明普羅斯列塔里亞的民主主義的代表在知識上不僅不亞于布爾喬亞裡最傑出的人物•而且遙出其上•的點，實爲必要。在霍格特這人物裏，現在布爾喬亞民主主義者受了致命的打擊了，公認爲指導者的威信已不存在了。結果拉薩勒都得感謝馬克斯，因爲他藉馬克斯這一打擊就容易對德意志勞働界發展，容易對當時國內的所謂進步分子鬥爭。

現在我們轉而考究一最有興味的問題去——即對于拉薩勒的革命運動馬克斯恩格斯所取的態度。上來說過了：拉薩勒之開始革命運動是在一八六二年，即是在普魯士布喬亞爾民主主義壁壘內•爲對政府鬥爭方略上爭持得更利害之年。在一八四八年革命時負過盛名的普魯士老王，恰好在該年之前一八五八年變成了一個完全絕望了的瘋子。「葡萄彈太子」維廉(Wilhelm)，——由一八四九與一八五〇年屢殺民主主義者而得此綽號的維廉，因而攝政，繼且嗣位爲王。在他嗣位之初，他本覺得非和自由主義政策姘頭不可，但不久爲軍隊組織問題，他立發見了自己和國會合不來。當時他主張要擴充軍備及增加重稅，但自由主義的布爾喬亞西則要求確實的保障與管理權。在這預算爭持的基礎上，于是戰略問題發生了。拉薩勒當時一面尙和民主主義的•進步的•布爾喬亞西結合得很緊，另一面則於戰略上主張還要急激化。隨什麽憲法旣都是當時該社會內各種勢力事實上相互關係之表現，則現在要和以果決聰明的反動家畢斯馬克(Bismark)爲首•的政府相頡頏，創始一種新的社會勢力的運動，自是必要，他說。

但這新的社會勢力是什麼呢？——拉薩勒曾

于在勞働者之前朗讀過• 的一特別報告書中指出之。該報告書是他用以說明「現代歷史的時期和勞働階級觀念之間的關係」的，卽就是一般所熟知的他所著的『勞働者綱領』(The Workingmen's Programme)。這綱領在其本質上是對『共產黨宣言』的基本觀念加以解釋的；但同時又解釋得非常微薄，處處都顧忌着當時的法律情實。不過雖然如此，這究是一八四八年以來最初公開的宣言，——勞働階級應組織成一獨立的政治團體• 尖銳地和一切布爾喬亞的政黨相區分• 縱是對最民主主義也當如是• ——等的最初公開的宣言。

拉薩勒于是衝上前去參加薩格孫尼(Saxony)勞働者間所發生•而且非常急激地發展• 的運動。在這運動當中，但民主主義者和一八四八年普羅列塔里亞運動的「老前衛」的代表之間，又發生了衝突。當時勞働者之間，對于召集勞働大會的問題已經在商榷中。爲此在萊步膝希且組織了一特別委員會。——拉薩勒則正是因此委員會曾請其對勞働階級運動的目的與問題等指示意見，因于其「公開狀」的回信中展述其所謂綱領的。

他先對布爾喬亞進步派的綱領及其爲改良勞働者狀況所提出的方案加以痛烈的批評，次則對勞働階級組織獨立政黨的絕對必要加以力論。他說：一切勢力當集中以謀實現•的主要的政治要求，就是普通選舉。經濟方面的綱領則他依其素所稱道的「工錢的鐵則」，力證一定的最低限度以上，工錢無增高之可能。因此，他于是主倡當組織生產協同組合（卽生產合作社(Producing Co-operatives)，要政府予之以信用援助。

這種方案，不待說在馬克斯是不能採用的。拉薩勒想拉攏他，根本無效。再則還有一個理由，就是其後不數月拉薩勒沉醉于自己的所謂「實際政策」之中及和進步黨爭鬥之內，竟差不多完全以奴顏婢膝的態度和政府當局相野合。——這一來于是馬克斯愈不能同感。

但這些暫不管，自一八四九至一八六三年，長期間反動之後最初在德意志國土上樹立普羅列塔里亞的旗子的是拉薩勒，最初組織勞働階級政黨的也是拉薩勒，——的話是一點也沒疑問的，連馬克斯自己也曾承認過。這誠是他的不可否認的功績。

但是在拉薩勒強烈而又短命的——沒有繼續到兩年——組織與政治兩方面的活動之中，較其不完全的綱領還有使馬克斯恩格斯引爲不愉快•的根本缺點在。

即拉薩勒很明顯地不僅沒有把他所組織的「德意志勞働總同盟」與老的共產主義運動•二者的關係結緊，而且反盡力否認這關係。他的基本思想大部分是借之于『共產黨宣言』及馬克斯別種著作，但他盡死力避開和這宣言及別種著作有關係。他僅于其生涯最後的一著作中引用過馬克斯，然那也不是共產主義者的馬克斯，革命家的馬克斯，只是經濟學者的馬克斯。

他說所以如此，是出于戰略上的考慮。因爲他不願把那覺悟尚不充分的羣衆嚇跑；羣衆還有從進步黨底下得到精神解放的必要，進步黨那般東西還天天在向羣衆宣傳共產主義是可怕的妖怪的故事。

他虛浮而好自大；他喜歡各種打鑼打鼓搖旗吶喊式的行爲與廣告式的吹牛。但這種幹法于素無教養的勞働者雖很有効，于有知識的勞働者則咸感眉，他很喜歡人家吹讚他是德意志勞働運動的開祖，因此他不但對馬克斯恩格斯取敬遠主義，對其他舊革命運動的老兵老將們也一樣。尤其很奇妙的就是前歪特林殘黨及反對馬克斯一派的人乃和他要好，交相聯緊。不一年于是德意志勞働者發見了他們的勞働運動不是發始于他一個人。馬克斯和其同志更抗議他想和舊的革命運動及秘密運動斷絕一切因緣•的那種行動。——他之如是討厭和舊的非法團體保持關係以危及本身，也是由他的「實際政策」的弱點上來的，可以說。

其他意見不一致的點則爲關于普通選舉問題。這要求本來是憲章黨人老早提出過的，馬克斯恩格斯也主張；不過不承認如他——拉薩勒說的那般誇張，那般重大罷了。次則他所說的內容方面，他們也不能苟同。在他，普通選舉差不多是有神效的萬靈藥，在其本身就什麼毛病也沒有，并且和任何政治經濟上的變化也不相干，政權立刻可以轉落到勞働者手裏來。他能那樣童騃地相信勞働者只要得到選舉權就可以在議會取占議席百分之九十。他竟不能理解要想普通選舉不成欺騙民衆而成訓育民衆的工具時，許多許多的重要先決條件必不可少•的道理。

復次關于「生產者組合」問題的意見之不一致，也和前者一樣同其深刻。在馬克斯與恩格斯，認爲在當時這已不過是意義非常有限的補助手段。固然這可以作一種證據，證明企業家與資本家在生產上都不是必不可少的要素；但是如想用之作爲漸次化集合的生產機關爲社會共有的手段• 的話，則事前必先取得政權方能實現的點又萬不可忘記。蓋在『共產黨宣言』裏就曾說過了：政權取得之後一切必要的手段才能有功效的。

復次，關于勞働組合(工會)任務如何的見解，馬克斯恩格斯和他也是尖銳地不一致。他因爲對生產者協同組合的重要性過于抬高，對于勞働組合的組織于是以爲完全無用。在這點，他可以說完全是回到馬克斯在『哲學的貧窮』裏所澈底批評過•的陳腐的空想主義之陳腐的主張之內去了。

最後，較此不弱而在實際方面更爲重要的，則爲戰略方面的不一致。我們萬沒有權利和默林一樣，去責難馬克斯對進步黨的重要性評價過高，對布爾喬亞西希望太大。我們已有機會讀過馬克斯根據一八四八年的經驗，對普魯士布爾喬亞西的特質所加的分析論了。我們又看過他在和霍格特鬥爭文中對布爾喬亞的民主主義所加的痛烈的批評了。他在這點和拉薩勒所見不同的原因，并不是因他久離故國，對普魯士布爾喬亞的進步主義還繫信望，及拉薩勒則洞悉普魯士的現實，對那些現實已根本感到幻滅，——而來的，乃純是對布爾喬亞西的戰略而來的。我們對資本家國家間戰爭時要留神一樣，對進步的布爾喬亞西與畢斯馬克間鬥爭時也要留神。換句話，即這時候社會主義者很有作鬥爭當事者一方的爪牙的危險；故萬不可不先想出一種戰略來以防免之。但拉薩勒不然，在他攻擊普魯士的進步分子時，他竟忘記普魯士還有封建主義，還有貴族制度，二者對勞働者的敵愾心都比布爾喬亞西不爲弱．他鞭責及毒罵布爾喬亞西是很有道理的，但他對于政府則不敢越雷池一步，只以阿諛妥協爲事。頂幹不得的妥協他也毫不躊躇，譬如勞働者被捕時，他竟教——舉一個例——他們向畢士馬克去求情，畢士馬克爲苦自由主義者起見必會解放他們云。但勞働者不聽他這種教勸。他的這種錯誤，只要讀他的演說辭，尤其一八六四年春所演說的，當可發見許多許多。他的這種不知黨爲何物，只知和畢士馬克去辦交涉，結果聲名與主義概遭重大的傷殘，的點，我們就此爲止不再多說罷。

——以上是對拉薩勒的運動，馬克斯恩格斯避不肯聯名予以有力的援助，的意見不一致的各點。但是——這點我們是要力說的——就是援助雖未之予，公然反對他的事他們也沒有答應過。他們對于他們在德意志國內的同志——如里布克湼希特——所表示的態度，就是出發于這精神。不過拉薩勒雖十分感謝他們的中立精神，自己還是急轉直下地由斜面直滾下去了。因此里布克湼希特及伯林萊因各地的同志，就都要求馬克斯起來對其荒謬的策略加以公開的反對。故使地一 拉薩勒——不在一八六四年八月三十卽被殺，公開的決裂將必無由免。他被殺後數週，——一八六四年九月二十八日「第一國際」(The First International) 卽創成，這個給馬克斯以機會復歸到直接革命的工作方面去，且不復于一國的規模之下而于國際的規模與局面之下。

第七章

一八五七　八年的恐慌。英法德三國勞働運動之發展。一八六二年的倫敦萬國博覽會。合衆國的南北戰爭。棉花恐慌。波蘭造反。「第一國際」之創立。馬克斯的任務。『創立辭。』

在前章我們曾指點過：革命的勞働運動自一八四八——四九年失敗以後，差不多十年才得捲土重來。又指示過：在其捲土重來之初，和一八五七——五八年的恐慌密切相關，這恐慌曾捲動各國，雖俄羅斯亦受很大的影響。又指摘過：截至這時期以前外表上很平和似的歐羅巴的支配階級，至此又得重新對那一八四八的革命所提出而迄未解決的一切問題，圖個解決。當時迫切要解決的最重大問題就是國家主義——意大利的統一及統一的德意志之形成——的問題。又我們已經略述過：這革命運動，嚴密地說時只限于西歐羅巴，于英國一部分雖給了強烈的影響，對歐羅巴大部分及俄羅斯與遠隔的北美合衆國，則概未能及，在俄羅斯那時焦灼的問題，是農奴解放問題。這革命運動起時在該國正是所謂「大改革時代」；六十年之初革命的秘密結社四處烽起，其最先而有名的卽爲「土地與自由」社。在大西洋的對岸北美合衆國，則奴隸解放問題又逼着待解决。這問題比俄羅斯那同樣的問題還爲重大，正是表示「世界」二字從來雖一般總以爲是指歐羅巴——那限定的區域——的名稱，今則眞正成爲國際的了。

蓋風馬牛不相及似的合衆國的奴隸廢止問題，現竟在歐羅巴自身具有最大最大的重要性。

其重要的程度恰如馬克斯在『資本論』第一卷序論內所說：奴隸廢除的戰爭爲西歐羅巴新的勞働運動打了警鐘。

我們現在從最重要的勞働運動——英國方面着手。從前革命的憲章黨運動，到一八六三年時候已形影毫無了。憲章黨的精神已經死了。某歷史家謂其死于一八四八年，卽死于那年失敗的示威運動——有名的經驗——之直後。這話誠然不錯；不過實際上在五十年代「枯里米亞戰爭」時它還有一開花期。那時候它受蔣斯(Ernest Jones (一八一九——一八六八)的指導。蔣斯是一大雄辯家，大操觚家，曾受馬克斯與其友人的援助創辦過當時頂好的社會主義者機關報。故它——憲章黨運動——遂亦得藉此種種而利用當時戰爭中勞働者的各種胸中不平不滿而吸收之。其機關報「民報」，也就得于數個月內成爲最有勢力的報紙之一。馬克斯攻擊格拉士吞(Gladstone)尤其攻擊拍默士吞的各篇如椽之筆的文章，大引起一般社會的注意。不過這究不過一短時的再興而止，戰事一結束，它就喪失了它這機關報。原因則不僅在于蔣斯與其對頭之間所燃起的內訌有以致之，此外還有根本原因。

第一個根本原因，就是遠從一八四九年起•的英國產業之駭人的發展。在這發展期中，些少的混亂——個個產業部門間所起的　　自然也有，但一點也不影響到全體的一般的勃興上去。四十年代末的大羣失業者，在這期中完全融化在這產業發達的大洪水當中了。我們可以說幾十年乃至幾百年之間，英國像十九世紀前半期之初那樣需要多數勞働者的事，沒有看過。第二個根本原因，則爲當時從英本國移民到北美與澳洲去的風氣非常興盛一事。二處在一八五一至一八五五年的當中，發見了無盡藏的金鑛。數年之間，兩百萬的勞働者從英國移出去了 同時一般移民現象皆如此：即移出的總决不選自老弱，定是一些最健旺精悍強壯的分子。故這一來，英國的勞働運動與憲章黨運動就都枯渴了力的源泉。——以上是其二大主要原因。其他次要的原因自然還很多，——

憲章黨運動這樣一衰萎下來，聯貫該運動的各部門的紐帶也就一般地弛懈下來了。在四十年代時，勞働組合和憲章黨運動之間，本就已有了爭鬥。現在則勞働階級中又湧起了分裂傾向，謀與總部脫離。譬如協同組合（Co-operatives），這就是根于英國勞働運動是一定的歷史條件下發達下來的，深具英國勞働運動的特殊性的東西。這特殊性在五十年代時，就已很明顯地表示其與勞働運動不同。我們在其歷史上，常常遇着驟起驟滅的種種特殊組織。有的常擁數十萬的會員。有的則其目的乃在于禁酒。而憲章黨的團體，則素來總是跟着抵抗很少的路綫走。其最初也想在自己的團員內實行禁酒的戰爭。這一來，它于是也就像是爲特殊目的而活動。同時它復在全英國組織各種特殊的結社。結果它于是從勞働運動的主力內，分去了多數的戰鬥力。——除這禁酒團體以外，它裏面又有所謂「基督教社會主義者」所領導的協同組合運動。有名的革命牧師斯特芬(Joseph Stephens一八〇五——一八七九)是四十年代最負盛名的雄辯家，後來則變成非常右傾。他和許多常在勞働者前宣傳實際的基督教•的博愛家與篤行家裏面的分子，聯在一塊。這不啻又是表示政治團體的憲章黨運動之就頹亡。憲章黨于是一變而爲努力于協同組合之形成•上的東西了。既無害于支配階級，故政府黨內的分子也就援助它。幾個對勞働階級有同情的知識階級也跑來參加這運動。——大家這樣去追求特殊目的，勞働階級的別一角于是又崩倒了。

我們不必枚舉這些運動的各種形態與派別。我們且檢閱一下勞働組合 (Trade Unions)方面。勞働組合方面，在五十年代之初，誠然是沒有碰着好機會好條件——像協同組合禁酒運動等所碰過的——以發展運動。但同時也比老的憲章黨運動還少遭過些抵抗。在一八五一年，最初強固的勞働組合——英國機械製造勞働組合——組織成功了。這組合由二精悍的勞働者指導，把英國素來傳統的職業組合精神打破成功了，即把勞働組合只在一縣或兩縣•最大亦不過在一州•或兩州•的範圍內組織的習慣，打破成功了。自然，我們不可忽視當時英國產業的特殊性。像紡織勞働者組合，因爲紡織工業本身的大大部分都集中在極小區域之內，求其轉變爲全國的組合，自然就現出困難很多。當時英國的紡織勞働者，大大部分都被擠集在兩州之內、故兩州的組合就和全國的相同。英國勞働組合的最困難處，本來與其說在地方的制限上不如說在職業的傳統上。同一產業內的各個職業，各有獨自組織獨立組合的傾向。這正是勞働組合初着手時雖極踴躍，想形成一大組織以實現其領導鬥爭•和大規模的產業家相抗•的任務時則又不可能•的理由。但同時在產業欣欣向榮的時候，大大多數的勞働者想增加工資則又很容易。尤其是當時勞働者很不足，資本家爲擴張新產業計不能不設法吸收；因此資本家內部且常起競爭，勞働者的種種要求大半且能爲資本家所容納。當時英國資本家，且計劃過從大陸方面——德法比各國招引勞工入國以濟不足。

在這種情況之下，故勞働組合運動雖然還在成長，然勢之所逼，除仍停頓于初級的發達外沒有辦法。而同一產業內分立地形成的各個勞働組合，則不僅全國內，就是一都市內也還沒聯絡。一個地

方評議會 (Local Councils) 都還沒有。

但一八五七——一八五八的恐慌，對此氛圍環境給以巨大的變化了。上面說過：當時組織得頂好的組合，是熟練的機械勞働者組合。這時候的機械業和紡織業一樣，也是幾個不單以內國市場爲對象而生產的產業之一。五十年代之初，二者尤成了特權的產業，因爲它們在世界市場上占有獨占權。熟練工人故在它們自己一方面很容易使雇主讓步；況雇主正收穫着巨大的利潤于世界市場之中。因此這二產業裏，勞働者與雇主之間就創建了「國內平和」的各種條件。深刻的恐慌之影響，很快地消除下去。反之熟練勞働者與不熟練勞働者之間的溝渠則更日爲加深。——這個于是又正是必然的結果，成爲使這等產業方面的罷工運動不得不衰弱的原因。

但是一切的勞働者都是這樣和平則不然。恐慌給營造業及營造勞働者的影響最大。營造勞働者遂在英國勞働鬥爭上站在第一戰線上。

資本主義的發達，必然地要釀成都市人口空前的膨脹，從而又引起地皮之大需要，唯其如此，故造營建築業方面嘗過很好的甜頭．四十年代英國中過鐵道熱病，五十年代之初則這建築熱病起而代之。蓋好了幾千房子。和其他商品一樣，概被投在市場。當時技術方面幷還不怎樣發達，然其經營則已全操在資本家手中。承造工業家，租借大土地，建築幾百房屋，而以之召租或出賣。

建築工業之發達，從農村帶出了大量的勞働者來，—— 如木匠，泥水匠，漆匠，石匠，傢匠等各種各類的勞働者只要是能建築能裝飾能造作的，都被吸引來了。從而造作業，傢糊業，及裝修業，也就都相當地繁昌起來。同時人口之增加又把大規模的靴鞋業及成衣業等促進了，發展了。

但這種資本家生產的新部門，遇着那一八五七—— 一八五八的恐慌遂起了特別強烈的反映。

大羣的勞働者失了業，成了失業者的豫備軍，對職場的勞働者亦給了壓迫 雇主更不客氣，利用他們獨有的武器大減其工資，大加其時間，勞働者于是答之以一八五九年的總罷工，給雇主嚇了一大跳。這罷工成了倫敦最大罷工之一。同時像還要給雇主以更利害的驚嚇似的，一切產業部門的勞働者都給這建築業罷工以強烈的援助。致全歐羅巴都爲之注意，不亞于其注意當時各種重大的政治問題。并且和這罷工相關聯的各種各樣的會，也總是那樣開聚。演說家之中，常常有一個叫枯勒瑪（ - remer）的。他在海特公園（Hyde Park）大會上，宣言這次建築業的罷工不過是勞働的經濟和資本家的經濟，最初的小斥候戰，別的勞働者 例如倭特卡(George Odger 一八二〇——一八七七)，也做了很多的宣傳工作。傳單的效果尤其很大。『資本論』第一卷內有名的勞働者與資本家的對話

該書內最爛熳的部分之一——中，幾多地方

都是照這些傳單抄引下來的，

罷工不久就妥協收場了。但其結果在倫敦最初產生了一個「組合評議會」(Trades Councils)領袖則爲倭特卡，枯勒瑪，耗威爾(George Howell)三人。都是後來「第一國際」第一回「評議總會」內的分子。倫敦這議會，在一八六一年就已經成爲最有勢力的勞働組織之一。同時，和最初的蘇維埃一樣也已帶有政治性質。即盡力想對一切關于勞働階級的事件都表現自己的作用。以此爲模範，同時英格蘭蘇格蘭各處又成立了許多相同的組合評議會。到一八六二年時，勞働者之階級的組織又出現了。那些組合評議會，則更顯著地作了當時政治經濟的中心。

轉看看法蘭西時，這恐慌在那兒也有同樣的深刻。不僅紡織工業方面如是，當時巴黎有名的一切產業界皆如是。上面已經說過，一八五九年拿破崙所幹的戰爭，目的本在于移轉當時勞働階級正在增大的不平，使之向外。六十年代之初，這恐慌給巴黎的特殊產業——所謂美術產業，——方面的影響特別利害。同時巴黎又是一個重要的都市中心地；強固地堅實地發達當中。拿破崙所幹成過的大改革之一是再造巴黎的居住地區，舊的狹小街道擴張了，寬弘的馬路築成了，從來那種動不動可形成巷戰的城塞，現在不復可能了。但這種建築活動，也和倫敦一樣，生出了同樣的結果。卽非常增殖了勞働人數來從事這活動。同時建築業，內部又必然地要分種種部門，一方面自不熟練至于很熟練的部門，他方面製造奢侈品的部門——卽美術產業的代表者，樣樣都有。換句話，六十年代之初所展開的新的大羣勞働運動，最初供給之以勞働人員的 就實是這建築工業 我們只要詳細地檢查一下第一國際的歷史，就立可發見其會員其領袖，大大部分是從建築業與美術業——二者的熟練勞働者之中產出的。

和這勞働者之復活相幷行，舊的社會主義者團體也醒轉來了。第一，就得看到「蒲魯東主義者」(Prudhonists)。蒲魯東這時候還在，他曾一次入獄；後移住于比利時，在那兒利用其門徒也曾直接給了若干影響于勞働運動上。他這時候的思想，比和馬克斯爭論時也多少有了點不同。

他這時候的思想全然是平和的。適用于合法的勞働運動的。信他的主義的人，也都是以改良一般勞働者的運命爲目的，而提出的方法則概多只適應于熟練的勞働者的情况。他們目的的主要者，爲借金率之減少，及最好須廢除利率，二點。他們提倡組織「信用組合」，以謀勞働者之相互扶助。故他們以此得名，被稱爲「互助主義者。」(Mutualists) 組織互助協會；廢除一切罷工；勞働組織之合法化；無利率制的借款；直接的政治鬥爭之不參加；唯期以經濟鬥爭作武器改良命運；(這武器幷沒有當作是直接反對資本家社會的基礎• 的武器看)——要之這一些就是當時互助主義者的綱領,他們在種種場合,較其老師還爲溫順.

和這團體相并行,又還有一種想用金錢買收勞働者•的更保守的一派。新聞記者勒威(Armand Levy),前曾和波蘭的政治的僑民密相接近,現竟作這派的領袖。他是和步朗步朗公爵很要好的,後者我們已經說過是霍格特的保護人。

第三,還有一團體就是布蘭基一派(Blanquists)。這派知之者很少,然人物則爲革命的;這時候又在勞働者知識階級青年學生間開始活動。其中有拉發格(Paul Lafargue 一八一一——一八七七)及朗格(Charles Longnet)二人,後俱爲馬克斯的女婿。

此外還有眼前有名的克勒滿梭(Gerges Clémanceau)也在內。這些青年與勞働者都在布蘭基的強烈的影響之下。布蘭基自己亦雖身繫縲絏.和外面猶保得聯絡;常常還和那些青年的代表相會

晤。布蘭基黨徒是「拿破崙帝國」最不共戴天的死仇敵，同時也是壯烈的秘密革命家，

——以上正是一八六二年英法二國勞働階級運動的狀態。幾多事件接二連三地發生的結果，二國勞働者間又釀成很密切的接近。外觀上，倫敦開的世界博覽會，其籌備上給了這接近的機會。這國際的博覽會，是資本家生產的新階段——卽巨大的產業——的結果，用以謀結合各國家于世界經濟的生活圈內的。其第一次，籌備于二月革命之後，一八五一年開于倫敦。第二次，于一八五五年，于巴黎。第三次則又于倫敦。

爲這博覽會的事，巴黎勞働者間發生了重要的運動。勒威所領導的團體找着公爵步朗步朗，因爲公爵是博覽會內法蘭西館的籌備委員長。公爵于是親切地帮忙，爲出席博覽會的勞働者代表向政府請得補助費。

激越的爭論，于是在巴黎勞働者間爆發了。

「布蘭基派」主張應該拒絕政府這恩惠。「互助主義者」佔大多數的別一團體則意見不同。他們說，一切合法的可能性都有利用的必要。金錢是應該補助給勞働代表的。唯代表應不由上頭指派，而應由勞働者自己選出。又提議這選舉應爲宣傳的目的及推出他們自己的候補當選人起見的目的，而利用之

「互助主義者」一派卒得了勝利。選舉之議實現，代表差不多全部都選了他們的同志。「布蘭基一派」拒絕投票。勒威一派則完全陷于死境。但巴黎方面的勞働者代表團總算是這樣產出了。同時德意志選出的代表，和勞働團體——與拉薩勒一塊兒在勞働大會之組織上曾大活動過•的勞働團體——有關係的點，也很值得注意。

——這樣一個情況，倫敦的世界博覽會于是爲法英德的勞働者集合一堂造了機會。許多「國際」的歷史家，每論「國際」的發端必溯及這集會。

關于這集會士特克勒甫(Steklev)曾述之曰：

『英國勞働者和大陸勞働者之間之得接近與提携，就是一八六二年倫敦開聚的世界博覽會爲之造機會。一八六二年八月五日，英國勞働者爲法國七十人的代表團開了一個歡迎會。會上許多演說辭中的要點，率爲一個人，一個市民，一個勞力者，及又具同一利害與願望的普羅列塔里亞特之間，建立國際的結合實爲必要，云云。』

但不幸這原來不過是一種傳說，事實上這聚會的性質完全和此不同。這集會是得了布爾喬亞西及支配階級的參加與贊同而後開的會。會上的演說，一個雇主也沒因之發皮氣，一個警察也沒因之作色。英國的資本家——在建築業罷工時作承造業的首領的人們，在這集會上負積極的任務。我們只要說說當時英國勞働組合員皆示威地反對參加這集會就夠了。故視此集會爲「國際」的起源是斷乎錯誤的。

不過有一宗事是眞的：就是法德兩國的代表，藉此在倫敦像和一八四八年以來移住在此地的兩國勞働者見了面一事。見面的地方是五十年代六十年代各國勞働者所常相會晤的地方，即一八四〇年夏伯及其友人等所創成的有名的「勞働者教育協會」這「協會」的茶室與飯堂是在外國人街上；直到最近的世界大戰止，還是這樣一種會晤的中心機關。一九一四年英政府宣戰時，才匆匆將它封閉。

無疑地，在這兒幾個法國代表認識了法國的亡命家，德國萊步膝希及柏林來的勞働者會到了他們的老同事。但是這究不過偶然的因緣，其未曾導成「國際」之設立，正如士特克勒甫及其他歷史家所附以重大的意義•的八月五月的集會未曾誘成「國際」的設立一樣。

然而這兒有二重大事件發生了：一即「合衆國的的南北戰爭」(American Civil War 一八六〇——一八六五)。上面說過了奴隸解放是當時頂重要的問題。問題尖銳化之結果遂激起南北美激烈的鬥爭 南部諸州因想保存奴隸制度且決定分離，別組獨立共和國，結果于是打仗，而給全資本主義的世界以預期不到及很不良好的種種結果。理由則因爲南部諸州是當時唯一的產棉地，全世界的棉花工業皆仰給之。當時埃及棉花還極不重要；東印度與土耳基斯坦更絲毫也不產出。故歐羅巴就得不到任何供給。世界紡織工業遂遭着恐慌。同時這來源斷絕，并且使紡織工業的別的原料價格也騰貴了。大資本家受的損失固然較之一般爲最小；但小資本家則只有趕快閉廠關門。幾萬，不，幾十萬的勞働者，于是陷于瀕于餓死的運命。

各國政府僅給以涓滴的救濟，自然無濟于車薪之火。在不久的過去建築業罷工時曾表示過一致行動的英國勞働者，于是再開始組織援助。由「倫敦勞働評議會」發起，任命一特別委員會主持之。法國也爲這目的組織了特別委員會。二委員會復常相來往聯絡。在兩國勞働者看來，不啻表示國爲秦越而勞働者的利害則關切如兄弟。同時合衆國的內亂，更給歐羅巴的全經濟生活以戰慄的刺激。其惡性的病徵，英法德乃至俄羅斯的勞働者都同樣地感覺。所以馬克斯在『資本論』的叙文裏說：十九世紀的「亞美利加南北戰爭」對勞働階級所演的把戲，和十八世紀「亞美利加獨立戰爭」對法國布爾喬亞西及「法國大革命」所演的把戲一樣。

其次還有一宗事件發生了，也于各國勞働者有同樣的利害。即俄國廢除了農奴(一八六一年)。同時該國政治經濟各方面的改革也迫切得很。革命運動更帶生龍活虎的傾勢，更多趨于根本改革的論調。邊地 — 尤其是波蘭，已是亂離狀態。沙皇政府視此爲剷除內外騷亂的絕好口實。一面故意激成波蘭叛亂，他面又借卡茍甫(Katkov)及其他墮落文丐之力于國內煽揚愛國主義。有名的絞首劊子手姆拉飛甫(Muraviev)及其同類的畜生，都被徵發去宰割波蘭人。

西歐羅巴方面素來對俄羅斯的耑制政治是憎惡得利害的，故對于犯上作亂的波蘭人極表同情。英法政府對這些同情者又給以完全的行動自由，以期得暢洩其胸頭積悶。故在法國，開了許多的會，且組織了一個以脫廉(Henri Tolain一八二八——一八九七)及迫盧相 (Perruchon) 爲首的委員會。在英國則領率這援助波蘭運動的爲倭特卡及枯里瑪二勞働者與急進的知識階級分子畢士利教授。

一八六三年四月，倫敦舉行了一個非常盛大的民衆大會。畢士利教授 (Pr E.S.Beesly 一八三一——一九一五)主席，枯勒瑪作擁護波蘭的演說。又決議勸告英法勞働者，請其各強請其本國政府使爲波蘭作有益的干涉。同時又決議籌備國際大會。這國際大會于同年六月二二日開于倫敦。主席也是畢士利。倭特卡與枯勒瑪以英國勞働者的名義演說；脫廉以法國勞働者的名義演說。討論的只是波蘭事件，一致主張波蘭應恢復獨立。翌日又開了一個會；這個會爲一般「國際」史家所不太注意 會由「倫敦勞働評議會」發起，不復有布爾喬亞西參加。會上倭特卡主張英國勞働者與大陸勞働者之間還應結緊些。又說問題應在實際的基礎上表現出來。卽英國勞働者不可不注意于和法比尤其和德國的勞働者的深刻的競爭。蓋在六十年代初，已集中成爲大企業的倫敦麵包製造業，全操在德國勞働者手裏。建築，造作，裝飾各業中亦混入了許多法國人。英國勞働組合故對于各外來勞働者，苟有可以給以影響的機會，必思利用。而其最能達到的方法則爲創成一個大組織，冶各國勞働者于一爐。

會上于是決定由英國勞働者方面，對法國勞働者發送適當的意見書。這意見書的稿文，延擱了三個月才得到倫敦勞働組合內各方面的同意。原文大部分是倭特卡起草。

在這時候，波蘭的叛亂恰被沙皇的爪牙用前古未聞的殘酷手法粉碎下去了。然意見書裏對這全沒提及。玆拔錄其一節：

『民族間的親愛，在勞働方面非常必要。因爲每當我們想用減少工作時間或增加勞働工資的方式以謀改良自己的社會條件時，我們的雇主必以招募法德比或其他國的勞働者來，給以低廉的工資以代理我們的話相恐嚇。而且這種傷心事幷已見諸實際。雖然不是出于我們大陸的同胞方面有意要危害我們，而是由于各國產業勞働者間素乏規則的同情的聯絡所致。我們的目的唯在于將低廉的工價提高到近于水平綫的程度，卽近于一般報酬較優的人的程度，及不許雇主聲東擊西，持甲打乙，而牽曳我們墜于最低的可能條件之內，適合他們正好講價的玄虛之中。』

這意見書由畢士利譯成法文，一八六三年十二月送到巴黎。巴黎方面利用之爲在工場內宣傳的材料。回答則極遲。因爲當時法國正準備立法議會——後爲衆議院——的選舉。上舉脫廉與迫盧相所領導的勞働團體，當時提出一個極重大的問題，即勞働者還是應推出自己的候補者，抑選投急進的候補者即已足。換句話，即勞働者應站在自己獨立的政綱上，抑還是跟在布爾喬亞政黨的屁股後背去。問題在一八六三年末一八六四年初，討論得很猛烈。最後決定應獨立地活動，且推出脫廉爲候補者。又決定應以特殊的政綱來說明此次和布爾喬亞民主主義者之相分裂。這特殊政綱即其後一般所周知的「六十人宣言」(Manifest of the Sixdy)；稱爲六十人者，係自其簽名數上來的。

這「宣言」的理論方面，即對布爾喬亞秩序的批評方面，全然和蒲魯東的見解一致。但同時又主張勞働者應組織獨自的政黨，應擁立代表自己利益的候補當選人，——決定地推翻了其師傅的政治綱領。

蒲魯東非常歡迎這「宣言」。為所感動，且著了一本書。這本書又爲其終身最良之作。他投其生涯之最後數個月于此書中，未見其出版卽已逝世。書名『勞働階級之政治的能力』(The Polilical Capacity cf The Working Class)。在這裏面他才承認勞働階級有獨立形成階級之組織的權利。他歡迎這巴黎勞働者的新綱領，認爲是深深地藏在勞働階級內部之莫大的政治潛力的證據。他的立場——關于同盟罷工及互助團體等問題——雖還沒變，但他這絕筆之作，在其反抗布爾喬亞社會的精神及明確的普羅列塔里亞的傾向，皆使人想起他的處女傑作『什麽是財產?』來。他的這本勞働階級肯定論，成爲法國勞働者間愛讀之書之一。我們說及「第一國際」時代的蒲魯東主義的影響時，千萬不可忘記是「六十人宣言」發表後才結晶成形態•的蒲魯東主義的影響。

差不多過了一年，法國勞働者才做好他們對英國的回信。特別選出了一代表使之送去。一八六四年九月二十八日，倫敦聖馬丁堂開了這代表的歡迎會。還是畢士利司會，滿堂無隙地，首先由倭特卡宣讀英國勞働者送去的意見書。繼由脫廉朗誦法國方面的同信。亦拔錄其一小節如次：

『產業進步，勞働分業，自由貿易——三者是我們現在應注意的三個要素。因為它們正希望變革社會經濟生活的本質的原故，為環境的力及時代的要求所迫，資本已集中且組織成為金融的產業的聯合體了。如果我們不講求防禦的方法，這力自身如又不怎樣自尅一下，則不久必成耑制的勢力無疑。我們，世界的勞働者，應該團結起來，對此分人類為二階級——一方為飢而禽獸化的民衆之羣• 他方為肥而臃腫化的官僚之羣——的惡制度，應築起一天險的要塞，我們當于團結之中求到自己的救濟。』

法國勞働者并且攜來了他們對于這組織的計劃。即于倫敦設各國代表所組成的中央委員會。歐羅巴各大都市設委員會支部，支部不斷地和中央取聯絡；及討論中央提出的各問題。中央則總括這些討論的結果。至于這組織的究極形態應如何，則于比利時召集國際大會決定之。

這兒于是我們要問：馬克斯這時候那兒去了？對這一切一切，他幹了些什麼？——答曰：他什麼也沒有幹。我們知道：一八六四年九月二十四日——「第一國際」之發祥之日——所起的。那歷史的大事件的一切準備，都是由勞働者自己的努力所幹成的。關于這事件，上來我們還沒工夫提及馬克斯的名字。其實在這莊嚴的式場內，馬克斯還不過是一個來賓。他怎樣去作來賓的呢？在其雜多的文書中，一小條子能答復之。即小條子上這樣寫得有：

『馬克斯先生，

謹啟者：

敝委員會曾組織一會，如另紙緘呈。茲敬乞大駕惠臨于七時半開會。持此示諸閽人則得入委員室矣。

枯勒瑪（印）謹具』

枯勒瑪爲什麽招待馬克斯？別的許多住在倫敦和英法人更有交誼的亡命客又爲什麽沒受招待？他——馬克斯又爲什麽被選爲後來「國際協會」委員會的委員之一？——凡此本來都是疑問。

但關于這個，我們現在只能加以推測。眞實的理由大致如次：如前所述，德國勞働者的「教育協會」在倫敦本成了各國勞働者集會的中心。而當時英國雇主又利用其周旋人招集了許多外國勞働者入國，英國勞働者自身爲想實現其與德國勞働者作必要的結合以消弭這入國勞働者間的競爭及其所產生的有害的結果起見，該協會自然更在大的程度上易成爲中心。此其一。又他們英國勞働者，本早就和舊「共產主義者同盟」的分子——如埃卡流士(J.G.Eccarius)勒士涅爾 (Friedrich Lessner) 丰特 (Pfänder) 等私交很好。這三人中前二者是裁縫，後一者是畫匠。他們都參加在倫敦勞働組合運動內活動，和「倫敦勞働評議會」的組織者領導者亦很相識。—— 由此則倭特卡與枯勒瑪怎樣得與馬克斯 —— 他在霍格特事件時復和「德意志勞働者教育協會」發生了關係 ——相識，當亦不難于理解了。此其二

馬克斯如上所述，和「第一國際」的創立毫沒關係，其于「國際」的任務是組織成立以後。他在裏面不久卽成爲指導精神。九月二十八日會上所選出的委員會是還什麽指導也沒受過的，且沒綱領，沒規約，連名稱都還沒有。當時倫敦已經有一國際團體，名爲「共同聯盟」(The Common Legue)，對「委員會」很表示好意。查當時「委員會」第一次

議事錄中，這「同盟」且曾有幾個溫良的布爾喬亞代表出席參加過，他們裏面還有人表示新的組織可以不要；又有人提議這國際團體的組織應不單對勞働者開放，只要是贊同勞働者的國際團結及勞働者經濟政治條件之應改良的人，都可使之入會。——但總之由兩個勞働者之主張——一爲埃卡流斯，一爲前憲章黨員的威羅克（Whitlock），——這團體得定名爲「國際勞働者協會」(International Workingmen's Associasion)了。因爲英國代表大率贊成這主張，該代表中有幾個是前憲章黨員及舊「勞働者協會」——憲章黨運動的前身——會員。

同時這新名稱很明白地決定了這新國際團體的特質，故不久把「共同聯盟」內幾個有好意的布爾喬亞西也拋棄了。結果「委員會」于是被逼着要搬家。幸而好在亡命客與外國人勞働者所住的地區內，找到了一個小房子——離「德意志勞働者教育協會」不遠。

名稱決定之後，「委員會」立刻進行起草綱領及規約等事。于是起了一個煩麻問題，即「委員會」的分子太複雜，太多種多樣。第一在英國人方面就可以分成幾個團體，有的是勞働組合員，有的是前憲章黨員，有的更是「前倭文派分子」(Ex-Owen-ites)。其次是法國人。經濟問題雖不懂得很多，講到革命則我是耑門家——的那樣的先生居多數。意大利人也很有勢力，其首領是馬志尼(Giuseppe Mazzini 一八〇五——一八七二)。非常有人望的老革命家，共和主義家，同時又很帶些宗教臭味。波蘭的亡命客也在內。一天到晚只曉得講波蘭問題的。外此則一些德國人，都是前「共產主義者同盟」的分子——埃卡流斯，勒士涅爾，羅荷涅爾(Lochner)，丰特，與馬克斯等。

種種的計劃都提出來了。但馬克斯則于他所屬的分科委員會上提出他自己的案(Theses)來，結果決定由他提出他的計劃到總委員會上去。第四次委員會上(一八六四年十一月一日)他的草案除少許編輯上的整理外，由大大多數可決通過了。

我們對于這採用了的草案，最初就得承認其中妥協與讓步的點很多。他曾寫信給恩格斯，嘆息于他沒有辦法，不能不插進什麼「權利」「道德」「正義」這些字樣于草案之內。但同時他又向恩格斯保證：這些字樣都是盡力插在無關宏旨不生毒害的處所的。

然我們又不可認爲他之所以成功，就在這些秘訣上。在這種三教九流的人滙萃的團體當中，他的草案之得滿場一致贊同而大成功，要由于他所起草的『國際創立辭』(Inaugural Address of the Internatinal) 非常高明的原故。這個，就是反對他最利害的巴枯寧也承認過。誠如他自己寫給恩格斯的信內所說，在這最初粗雜的階段的勞働運動所能容受的形態內，談及共產主義的意見是極困難的。換句話，如『共產黨宣言』那樣大胆的革命言辭，是不能用的。故他唯于內容上求其澈底，外形則很表示溫和。從而其成功也就是很必然的事。

這『創立辭』是作于『共產黨宣言』出世十七年之後的。二作同出一手，但其作的歷史的時期與作以使用的機關，則完全不同。『共產黨宣言』是應革命家與共產主義者的一小團體，及對一非常幼稚的勞働運動而作的。這些共產主義者，縱在當時也力說他們并不是強想樹立一種主義以強用之于勞働運働上，只是想把許多一般的原則結晶起來，使之能不問國界，全世界普羅列塔里亞特的利益都能依以代表起來。

在一八六年的時候，講起來勞働運動已長成，且已浸透在羣衆內部。但在階級意識之發達的點上說，則較一八四八年的革命前衞反遙爲不及。在各領袖當中，亦有此同樣後退的現象。故新的宣言，不能不考慮這種羣衆與領袖之普羅列塔里亞階級意識水準之低落而下筆，同時又不能不固持『共產黨宣言』內所定下的各種根本原則而下筆。

馬克斯，他在這『 立辭』內提示了一個關于戰略之古典的範例，即「共同戰線」。他列 各種要求，又力說各種要點— 即勞働階級必于其上才能團結·亦應該團結·尤必于其基礎之上勞働運動才能期到進一步的發展·的各種要點。普羅列塔里亞特眼前急須實現的各種要求，他都臚舉出來了；由此，『共產黨宣言』內所舉各種最徹底的要求，自然在論理上立要浮現出來。

總之在這些一切的點上，他比當時出席該國際委員會的馬志尼也好，法國的革命耑門家也好，英國的社會主義家也好，都高明得多。他不變更自己的根本原則，成就了這不朽的工作。尤其這時候他已完結了大作『資本論』的初稿，方從事于第一卷的整理。對勞働階級的狀況那樣徹底地加以研究，對資本家社會的全構造那樣深刻地加以把握的，他更是當時世界第一人，把英國工場檢查員的全報告及國會各委員會的全調查——這些報告與調查都是關于各種產業部門的狀態及城鄉各種普羅列塔里亞特的狀態的，——一一不憚煩苦，洞加考究的人，全英國還沒第二個。故他在這方面的知識，實在是包羅萬象，其深廣的程度概非委員會內各勞働委員所能望其項背。他曉得個個產業部門的狀態，及其和資本家生產的一般法則的關係。

偉大的宣傳家之天才，于是在『創立辭』的結搆上就表現出來了。在『共產黨宣言』時，他從階級鬥爭——一切歷史的發展及一切政治運動的根本基礎·的階級鬥爭說起，這新宣言內他也不弄虛辭，不事大言，唯從造成眼前勞働階級的實況的各種事相說起。——

『一八四八——一八六四年間勞働階級之困窮，依同期間產業之空前發達及貿易增加，猶未絲毫減少，是一最緊要的事。』

他于是引格拉斯呑在下院的演說而摘指英國自一八四三年來貿易額雖增加三倍，然人民十分之九還只是爲生存而鬥爭而苦悶。監獄內的囚犯事實上比許多勞働者還營養得好些。

接着又引國會各委員會的報告，而描出勞働階級大衆中的營養不良·墮落·病疫等·圖樣。又摘發有產階級的富財在這時期之非常尨大與增加。

復次則不可避地結論之曰：無論布爾喬亞經濟學者怎樣斷定，總之機器之完成，科學在產業上之採用，交通機關之新造，植民地之新發見，移民，新市場之創設，自由貿易，——等等皆無由輕減勞働階級的窮困。更進而如『共產黨宣言』結論之曰：社會秩序建存在舊基礎上尙未變革時，勞働生產力之任何發展皆只足以更深化廣化階級間的溝渠，而使現存的階級對立更加激烈而止。

又他把一八四八年勞働階級失敗——這失敗使其後十年間勞働階級喪失了精力——的各種原

因也指出來了，同時這時期內所獲得的些少勝利也加以說及。

第一就是十時間制度。他證明了無論資本主義的寄生虫怎樣武斷，勞働時間之減少不僅不傷及生產力而且能促進生產力。且喝破政府對經濟關係取干涉主義的原則已戰勝了素來自由放任主義的原則。于是復如『共產黨宣言』一樣結論之曰：生產應置于社會全體的統御與指揮之下，社會的生產應爲勞働階級的經濟學之基礎。

此外『創立辭』還成功了一點，即對于所謂建立協同組合的問題。這問題本是當時勞働者自身提出的，他雖予以贊同然和拉薩勒的精神則根本相反。拉薩勒認這組合爲轉化到社會主義去的出發點，他則在『創立辭』裏不誇張這種實際的重要性，他不過借此以向勞働者說明：大規模的科學生產，沒有剝削勞働者的資本家階級存在也能進行發展；及工錢勞働和奴隸制度一樣，不是永久的，只是一時的低級的勞働形態，最後必爲社會的生產制度所推翻;—— 諸點而止。幷且在他這樣把一切共產主義的推論都提出了之後，他還指摘過這種協同組合只能容含極少數的勞働者 無論如何也不能改善勞働階級的狀况。

不待說共產主義的生產尙未推翻資本家的生產之前，協同組合生產之網本非發展佈滿全國不可—— 的話，他在這兒也說過 但問題這樣提出之後，他復立加以警告曰:這樣的轉化其實必會遭支配階級拚死命的反抗而難于成功。因爲地主與資本家必會使用其政治力以保護其經濟特權。——唯其如此， 于是一轉曰:故勞働階級的第一個義務是在于奪取政權;而要想奪取政權，勞働者又必于全世界各國內組織一個政治的勞働黨。勞働者手裏成功的要素，只有一個。卽是大衆，大量。但大衆之能強有力則只在于密集團結及爲知識與科學所領導的時候才可能;外此則不可能。詳言之，如無密集，無團結，在解放鬥爭上無相互援助，及無全國的國際的等等組織，則失敗將不待龜卜。——從而于是附言之曰：根據以上這些考慮，故各國勞働者現決定組織「國際勞働者協會」。

他用這樣驚人的手法與方略，于是遂再達于前在『共產黨宣言』內更強烈地主張過的基本的結論。即普羅列塔里亞特應該階級地組織起來；布爾喬亞西的支配應該推翻；普羅列塔里亞特應該取得政治權；工錢制度應該廢止；一切生產手段應該社會化；——等等。

最後當他結束這『創立辭』時，復提出了一極重要的政治問題。即勞働階級不可局限自己于狹隘的範圍之內，不可只顧到一國內的政治問題而止。勞働階級應該熱心地考究一切的對外政策。全運動的成功既根本繫于全世界勞働者之友愛的團結之上，那末勞働階級如果許認支配階級利用國家民族的偏見以當國際外交之局，以使一國的勞慟者與別國的勞慟者鬥爭，以流人民之血 以破壞人民之富，—— 則他們將無由完成其使命。故他們應該通曉一切國際政策的秘密 。應該監視他們政府的外交行動；必要的時候必舉全力相爭抗；對政府之犯罪的陰謀，應團結起來加以大大的彈劾與反對；眼前，正是個人犯法不許可而豺狼當道，一切國際關係中的盜竊強奪及欺詐等反橫行無忌——的最可惡的現象事實應到末日應告終結的時候到了，云云。

第八章

「第一國際」的綱約。「倫敦會議」。「日內瓦大會」。馬克斯的報告。「羅贊奴大會」與「布留塞爾大會」。巴枯寧與馬克斯。「巴士爾大會」。普法戰爭。「巴黎公社」。馬克斯巴枯寧間的戰爭。「海牙大會」。

上來把「國際」的創立史及其『創立辭』，都很詳細地說過了。現在再研究一下它的『綱約』(Constitusion)。這也是馬克斯起草的 共分二部分；一部分講原則 一部分講組織問題。

我們已經把馬克斯怎樣巧妙地將共產主義的基本原則導入於「國際」的『創立辭』內，的話說過了。但同樣重要而且比較更爲艱難的，則爲導入之于綱約』『創立辭』不過追求一個目的，卽說明使勞働者于一八六四年九月二十八日集會，創立國際」的各種動機的經過而已。『創立辭』幷不是一個綱領，不過是一個綱領的序論；不過是向全世界——特爲這點所以用那麽一個名稱發表——作的一個莊嚴的布告：布告一個新的國際團體，一個勞働者團體，已經組成。

在這第二問題的解決上，卽于各國勞働者之前把一般問題定型化起來的綱約工作上，他又曾用前述同樣高妙的方法使之成了功

『記着：

『勞働階級之解放，應依勞働階級自身的力以獲得之。勞働階級的解放鬥爭，不是戰取階級特權與階級獨占•的意味，乃是爲平等的權利義務及爲一切階級支配之消滅•的意味，

『勞働人對勞働工具的獨占者之經濟的隸屬，是一切形態的屈服•一切社會的悲慘•精神的頹廢•及政治上的隸屬•的根本動因。

『故勞働階級之經濟的解放是大目的，一切政治的運動都應如其手段而爲之屬。

『一切爲這大目的的努力，過去都因各國內部各種分　勞働之間缺少團結，及各國勞働階級之間缺乏友誼聯絡，故概遭了失敗，

『勞働解放不是一地方一國家的問題，乃是社會問題；乃是包括具有近代社會形態的一切國家的社會問題，及解決上實際地理論地皆非協力不可•的最進步的國家的社會問題。

『在歐羅巴最產業發達諸國內，眼前勞働階級之復興一方面振起了新的希望，但他方面還應嚴肅地警告應防再陷于從前的錯誤；且要求眼前還無聯絡的各種運動立刻要來結合一起。』

把這些點愼重考慮一下時，當知道俄國共產黨的綱領中好幾部分是和此非常密合的。英法德社會黨的舊綱領也一樣。尤其法國及德國「埃夫爾特綱領」(Erfurt Programme)(1)裏面，許許多點簡直就是這『綱約』的基本原則的複寫。

(1)「埃夫爾特綱領」是「德國社會民主黨」一八九一年埃夫爾特會議上所採用的。

不待說當時「國際」假委員會中的一切委員，都同樣理解了這些題旨的事是沒有的。譬如英法德各委員雖概承認了勞働階級之解放必唯依勞働階級自身而後有成的原則，然解釋則各方各樣。英國勞働組合主義者及前憲章黨人，以為這是對中產階級裏的溫厚分子——他們常好瑣瑣碎碎地老媽媽樣地關心勞働者的事　　的抗議，最嫌惡知識階級的法國人　則作爲是警告反覆無常的知識分子而肯定勞働階級沒有他們的援助也能獨自行動•的意思。只有「老共產者同盟」分子的德國人，才眞把握了這原則的一切含義。他們才知道這原則的含義是說：如勞働階級僅依自己的努力而能得到自己的解放，則和布爾喬亞西的任何提携，和資本家的任何親睦，都和這原則絕相背馳；初非僅對中產階級，知識分子而發。同時，解放不是以這一勞働團體或那一勞働團體爲目的•乃是以勞働階級全體爲目的，的話在裏面也說了；解放不是靠一團體或二團體乃是要靠全勞働階才能成就•的說也力說了；乃至從而普羅列塔里亞特的階級的組織就不能不先決•的話也力說了。次則第二個原則——資本家對生產手段之獨占是勞働階級經濟的奴隸化的原因•的原則又提出了；故結論必然是要打破這獨占才有辦法。而這結論，在一切階級支配皆當廢滅的要求之下更強烈化。廢滅一切支配階級不先廢滅社會的階級分裂必不可能的話，則更不待說明含在內。

自然在『創立辭』內提出過的原則，在這『綱約』(1)內沒有再重述。普維列塔里亞特所提出的一切目的，爲求實現必　奪　政權，的話，在『綱約』也無直接的規定。而反之，反有一種聲明以爲之代。卽所謂『故勞働階級之經濟的解放是大目的，一切政治的運動都是如其手段而爲之屬。』

(1) 這『綱約』曾當作「國際勞働者協會」的「規章」出版。

這聲明，　其後「第一國際」內部意見衝突的最大出發點，這兒得說明一下。

這聲明，這原則到底是什麽意思？普羅列塔里這運動的最大目標是勞働階級的經濟解放。這目標只有依奪取生產手段于其獨占者之手及廢除一切階級支配，而後能夠達到。但奪取與廢除如何就可以做得到呢?「純粹」社會主義者和無政府黨人之排斥政治鬥爭,果是正確的麼?

不,那是絕不正確的,在馬克斯所作成的『綱約』內的答復原來就不如此。他很知道普羅列塔里亞特在政治方面的鬥爭,和在經濟方面的鬥爭一樣,同爲必要.政治的組織亦爲必要。即普羅列塔利亞特的政治運動必須要發達。不過雖然如此,同時却又不是——如布爾喬亞民主主義者及急進知識階級所想像的那麼「獨立的」東西.這些民主主義者與知識階級只是對於政治形態的變化上感興味,對於建設共和起衝動 對於根本問題則馬耳東風聽也不聽.馬 斯有鑑於此,故力說在普羅列塔里亞特,政治運動僅是達到他們大目的的手段,非主要的運動乃次要的運動 不過這聲明較之『共產黨宣言』乃至較之『創立辭,』皆爲不明截也是事實;在『宣言』與『辭』內,還曾明說過勞働階級的主要目的是在于獲得政權,也是事實.

這聲明在英國的「國際」委員是明白的。因爲『綱約』是用英文寫的，馬克斯所用的術語又是他們那些老憲章黨人老倭文主義者聽熟了的東西。我們因此還可以記取一宗故事　即從前憲章黨人和倭文派之爭，大部分就在于倭文派只認「大目的」而蔑視政治鬥爭的點上。當憲章黨人在其「憲章」上揭舉有名的六條時，倭文派曾咎其完全忘却社會主義。後來憲章黨人自己也說政治鬥爭不是主要目的。故換句話，正是二十年前憲章黨所曾規定過的原則，馬克斯現爲之重述。在當時憲章黨人，正是主張政治鬥爭是他們爲目的而選用的一手段，不是目的自身，故馬克斯的綱約，當時在「委員會」內未遭什麼反對，這就是一大理由。數年後巴枯寧派與其反對派相互激爭時，這點曾成爲激爭的骨子。巴枯寧派說：這『如手段』(as a means)三字本來在『綱約』內沒有，是後來馬克斯想把自己的政治觀念強施之于「國際」而偸加進去的。這三字如省略，該原則該聲明的全意義自然根本起變化。而在法文的『綱約』譯本上，這三字又確曾被省略過。

同時別一小誤解又發生了。這小誤解本來是容易說清的，然在當時黨派鬥爭高潮之中乃轉導成馬克斯僞造變造「國際」『綱約』之誣，即當『綱約』譯成法文時，其公認版內本沒這三字。僅爲『勞働階級之經濟的解放是大目的，政治運動則應爲其從屬』等句。不過這是因爲避除當時拿破崙政府警察之注意—— 當時法國警察對于勞働階級的任何政治運動都極端猜疑——起見，法譯者在必要上特如此省諱的。故當時，法國警察也就的確相信法國的國際主義者對經濟比對政治還關心。同一理由之下「政治主義者」的布蘭基派亦攻擊此可憐的國際主義者爲「經濟主義者」。

同時這不正確的法文譯本，復爲瑞士的法語使用地所翻刻，及其他種種法語通用國——如意大利西班牙比利時——所流讀，于是誤解與糾紛愈不可收拾。自然後來——如後面我們所述及——第一回總會批准該暫定『綱約』時，各國所決定採用的還是原來的草案。但這時候「第一國際」把『綱約』僅譯成三國語，也實是太不成話。并且如英文本也僅印成一千册，一散發就不存一本，更不成話。以致最反對馬克斯且最攻擊馬克斯爲假造者的脚姆（Guillaume），也于其所著的『國際史』(History of the International）內明說他到一九〇五年才看到英文本，才看到『如手段』三字果然歷歷地印得有！自然假使脚姆想的話，必早就能信得到馬克斯不是一個假造者；不過這也沒關係，就咬死說他是僞造者也不能實質地變更事實的內容。我們看慣了，黨派間原則上綱領雖相同，因戰略問題而生激烈的爭持的事，是常有的。

但『綱約』內還含有別的點，——無政府黨雖沒加以反對，馬克斯主義的見地上則不能免于懷疑•的别的點。什麼點呢?上面我們已經說過:馬克斯在非常複雜的「委員會」當中想求出一致來,若干點上是不能不設法妥協的。這妥協在『創立辭』內雖沒表出,但現在『綱略』內則無由逃避。什麼地方妥協過呢,我們現把它檢閱看看。

馬克斯在『綱約』內說完各種原則,及依該原則而代表被選出,「國際勞働者協會」因于一八六四年九月二十八日該代表等集會上決定了創立,——等等之後,復繼續爲之言曰:

『國際勞働者協會第一回大會玆宣言:本協會以及參加本協會的各團體各個人,皆承認眞理,正義•道德是人與人之間乃至全人類之間,不論人種•宗教•國籍如何•的行爲基礎。

『本大會又相信:人之要求人權及民權,乃是人的義務;該義務又非耑爲個人乃是爲能盡其義務的人們全體。世無無義務的權利,亦無無權利的義務。』

他的讓步在那兒呢？他對恩格斯的書簡中可以看出：『弟的提案，在小委員會內概被採納。「綱約」中「權利」「義務」「眞理」「道德」「正義」等字句，弟出于無奈曾加入之，然亦曾概加置之于無害處。』

實際上，那也本沒什麼危害。在那些字句「眞理」「正義」「道德」當中，我們旣能了解其觀念不是永久的，不變的，及獨立于社會條件以外的，則自毫無任何驚懼之可言．馬克斯主義本不否認眞理，正義，及道德；馬克斯主義證明這些觀念之進化是依歷史的發展而決定，及社會階級不同則于其中捉得的內容亦異——而已。

使他如果是逼得沒法要將英法社會主義者的宣言，依樣畫葫蘆地在這兒再重述時；或則又逼得沒法要說爲社會主義而戰爭，是在于爲眞理正義道德等名義，而不是如其在『創立辭』內一言九鼎地所說，社會主義乃是論理地不避可地從資本主義所造成的條件本身，及從勞働階級的境況本身，所發生的，的說法時；——則他誠難免于錯謬。他在這兒用這些字句時，這些字句不過是表示「國際勞働者協會」的分子，在其彼此相互關係上應依眞理正義道德的精神而行動而止；詳言之，即是彼此不可相叛，且不可叛其所屬的級階，彼此不可相欺，且應以同志的精神而行動，等等——而止。這正是空想社會主義用作其主義的基礎·的各種原則，他現在移換到普羅列塔里亞組織內部來，作爲行動的基本法規的點。

以上所論的點，要爲明示那些原則應該作「國際」會員的行動基礎；在他們不問人種宗教國籍之如何而與全人類相關係的時候。并且這些原則，在當時實際上也很有用。因爲我們記得當時合衆國內亂還未熄，波蘭暴動平服未久，沙皇軍隊方成功于征服高加索，宗教的迫害還流行于最文明的各國內，猶太人雖在英國亦于五十年代末始得參予政權，民權則全歐羅巴——不僅俄羅斯——諸國概尚未能充分享受。

同時布爾喬亞西　雖在其同階級的分子非常有關係的問題當中，也還沒法實現其「永遠」的道德與正義等原則。問題和別國人或別民族相關時，該原則等更被蹂躪不堪。

但道德正義真理等原則雖尚可談，「權利」與「義務」二原則則不可恕，我們沒有一點理由去勸告各會員爲人權與民權而戰，及戰且非耑爲自己乃爲他人。故這點，馬克斯雖然發揮了偉大的外交手腕，然爲會內法國革命亡命客所逼，實在是太讓了步，

我們現記起一下「法國大革命」當時的事情。當時最初一個行動就是人權與民權的宣言。在其和土地貴族及耑制政治——享有一切特權•課他人以一切義務•的——相鬥爭時，革命的布爾喬亞西提出了平等博愛自由三大要求，且要求任何人

任何市民都應保有若干不可讓與他人的權利。其中私有財產的神聖不可侵犯權尤爲重視，蓋這權利在其與「第三階級」的財產相關時，當時常被貴族與王權侵害得到了慘不忍睹的地步。

牙哥班黨僅對此「權利宣言」加過若干修正。但關于私有財產神聖的點則擱着沒有理會。其修改的點僅爲關于政治方面更爲急進，如認人民有叛逆權及高唱四海同胞主義等。其形態即如世所周知的所謂一七九三年的『權利宣言』(或稱『羅伯士坡爾的權利宣言』)；從一八三〇年之初起且已成爲法國革命家的綱領。故法國革命家現在這「委員會」上必要求談談「權利」。這是馬克斯逼得要提這二字的理由。

同時他方面馬志尼又主張要採用他的綱領。他在他的名著『人們的義務』——被譯成英文，在勞働者中大得稱賞——裏面，曾依其「神與人民」的標語而反對以理性與自然爲基礎，的法國唯物論者的『人權宣言』，進而提出義務·責任·等觀念來，以作其理想主義的倫理之根本前提。

——這一來我們于是明白馬克斯『世無無義務的權利 亦無無權利的義務』的公式的由來了。但他雖出于不得已這樣採用了『民權宣言』的要求，然同時復利用法意二國人的爭持，明明白白地在語法中將現在的要求與從前布爾喬亞西的要求加了區別。他說現在普羅列塔里亞特亦要求自己的權利；然同時破題第一句就說明個人不履行對社會之相當義務時則該個人權利不能承認。

數年後這『綱約』再審查時，他曾提議關于『人權宣言』一部分的文句要删除。但結果「權利與義務」的原則還是保持；在「埃夫爾特綱領」中，則以『平等的權利與平等的義務』等語句採用之。

現在我們研究一下該『綱約』本身。

『一，本「協會」是在于爲各國內謀勴勞階級的保衛·進步·及澈底解放·的各勞働者團體之間作聯絡與合作的中央機關，而設立的。

二，本協會定名爲「國際勞働者協會。」

三，本協會每年開「一般勞働者大會」一次，代表由各支部選出之。「大會」決定勞働階級的共同要求，講求本「協會」工作達成的各種手段，及指命本「協會」的「總務委員」。

四，「大會」指定次期「大會」的時期與地點。代表皆不另發通知，皆于時集合。「總務委員會」于必要時得變更地點，但無權延期時日。」「大會」每年指定「總務委員會」之所在地點，且選出其委員。「總務委員會」有權自添加其人數。「大會」年會時「由「總務委員會」提出公開的年度會務報告書。後者在緊急時，得提前召集「大會」。

五，「總務委員會」由已參加本「協會」的各國勞働者組成之，委員中互選會務執行上必要的職員，爲會計幹事，書記幹事，交通幹事等。

六，「總務委員會」得設本「協會」之全國的地方的各團體之間的國際聯絡機關，以使一國的勞働者能不斷地瞭悉其他各國同階級的各種運動；以期關于歐羅巴諸國的社會狀態調査同時執行，且在一共同指導之下；以謀一團體所提出關于全般的利害問題，各團體皆得討論；以備實際的手段立刻要時——如國際糾紛發生時——各聯合團體之間的行動得同時發動且一致發動。又隨時「總務委員會」得向各團體——全國的乃至地方的——提議事項。爲聯絡容易起見，「總務委員會」得刋行定期公報。

七，各國勞働運動之成功除恃團結與聯合外無他術 同時「國際」「總務委員會」的用處也唯在于其能十分和本會少數全國中心機關相密聯及和多數無聯絡的地方團體相密聯，與否；故本「協會」各會員應十二分地努力去結合自國無聯絡的勞働，團體于全國的團體網中，于全國中央機關之下。』

這『綱約』的根本原則，後來大會曾予以承認。馬克斯發意而根本變更過的，只「中央委員會」——後來概呼之爲「總務委員會」——的幹事長的執務，與以廢除，一點。蓋拉薩勒組織的「全德勞働同盟」曾明示過這全然無用的制度所惹起的各種煩擾，故馬克斯主張廢除之，而爲指揮各種會議起見，此後「總務委員會」遂採取議長制。其他一切臨時發生的問題，則由各國組織內的書記會同中央書記幹事組織書記會議處理之。

這「國際」『綱約』，在國際勞働運動史上被採用的時候很多。本書的範圍，不能再詳細研究其八年間所起的種種變化。其主要的各點，自然始終沒變更，到「第一國際」的終期，更曾將「總務委員會」的職權擴大過。

當時「臨時委員會」的最大重要問題，爲召集「國際大會」。這是激論的原因。馬克斯主張先應將全部預備工作做完，做完之後各國勞働者才能有機會明曉「國際」眼前的一切情形，及有機會自己也少少組織一點。但英國人則反對，他們把他們勞働組合運動的利益放在一切別的問題·別的利益·之上，要求立刻召集。「中央委員會」中的法國亡命客又和他們同鼻孔出氣。

結果妥協解決。一八六五年不開「大會」(Congress ，但開協議會 (Conference)。協議會開在倫敦，主要的是審查各種報告及整理下期大會的議事程。瑞士，英國，比利時及法國都到了代表情形不見得很好，但決定了一八六六年五月召開大會。

在德國，則雖有「勞働總同盟」，(General Labour Union)，但情況更壞。拉薩勒在一八六四年八月三十日決鬥死了。根據「同盟」的章程，能力很小勢力很微的伯克爾 (Bernhard Becker) 做了會長。「同盟」的中央機關報「社會民主義者」(The Social Democrat) 主筆希歪則(J. B. Schweitzer 一八三三——一八七五)，反大有勢力。這希歪則不久和里布克涅希特——才進報館作編輯不久—— 又因內部政策問題意見大衝突。于是答應了投稿的馬克斯與恩格斯，也逼得立刻公開地和該報脫離一切關係。已故的默林，當時曾主張要擁護希歪則，說馬克斯恩格斯退出不應該。但實際是默林錯了。事實全部和他所說的相反。

我們曾論過拉薩勒的戰略中有極大的欠缺，他對支配階級曾取過不可默恕的策略。而希歪則更過之無不及。他做了許多社論去諂佞畢士馬克，——這點默林也承認是事實，—— 致釀起非常不愉快的印象于一般。但默林又以爲這在當時的法律狀態上看很必要，因想爲之辯護. 老革命鬥士的里布克涅希特，乃不能—— 默林說 —— 順應之而反拉其舊友舊師羣來集矢，殊不應該。然默林的話旣和事實全不相符，可不具論；總之希歪則和里布克涅希特分家了。馬克斯恩格斯認後者爲對，即他們的老敵人黑可也不能妥協于希歪則而亦認後者爲對。于是他們這些老革命黨。遂羣呼希歪則黨爲「畢士馬克黨」。

當倫敦「協議會」開會時，馬克斯在德國的同志們還沒有刊物與組織。拉薩勒派拒絕和「國際」合作。這分裂的結果，于是德國在「國際」內的代表，就只有住在英國瑞士的老德國亡命客而止。

「協議會」開會中，「國際」財政的最可悲憐的窮狀暴露了。即一年之中僅收集得一百五十元美金。總支出則約爲三十三磅。這樣的收入自然什麼大規模的活動都不可能。會議的必要費用，亦簡直不夠。

在討論議事日程時，別一意見衝突又發生于住在倫敦的法國人與代表巴黎組織而來的法國人之間。後者不主張以波蘭獨立問題作爲議案，以爲那純是政治問題。而前者——幾個英國代表支持之——則還要求宗教問題亦須列入日程，并命地說對宗教的偏見要開始澈底鬥爭。但這個馬克斯又聲明反對。他站在自己的確信上——各國勞働運動的聯結尙很薄弱，宗教問題一上程必引起許多無謂的衝突•的確信上，聲明反對。但結果他的主張竟沒通過。

「大會」召集之前還延期了一年，該一年中發生了幾多重要事件。在英國，這年政治鬥爭非常劇烈。英國勞働組合——領率的爲「總務委員會」內作委員的勞働者——爲選舉權擴張問題開始了很頑強的鬥爭。這鬥爭我們重複地說——是在「國際」指導之下發展下來的。馬克斯曾傾全力以防這些勞働者再陷于舊的錯誤，他希望他們獨立地鬥爭，毋和急進主義者再結什麼麻煩的同盟但在一八六六年初，舊傾向又出現了，憲章黨時代曾給英國勞働運動以很大的害毒·現在還殘存很多惡影響·的舊傾向，又出現了。因爲普通選舉是目的，而他方面財政上又有原因，普羅列塔里亞特的領袖于是就和亦以普通選舉爲綱領的布爾喬亞民主主義者中的最急進派，結成協定。爲實現鬥爭計，二者組織了聯合委員會。而分子則極其複雜，有極可尊敬的民主主義者爲畢士利教授；有所謂自由職業——律師，推事等的代表；又有小·中·尤其商業·的布爾喬亞西的代表；三者之中，最後者在最初就傾向于妥協，自不待說。鬥爭用英國式的方様開始。集會與示威運動等天天籌備着。一八六六年七月，倫敦果然看到了憲章黨時代也沒看過的大規模的示威運動。政府于是最後也覺悟了不讓步不行。

我們現在當記起一八三〇的「六月革命」以後，議會改革的大運動曾勃發于這國內．而結果則又總是妥協收場，勞働者歷來于最不可饒恕的方法之下被欺騙，投票權只有工業布爾喬亞西獨得着。但現在政府亦看到退却不容或已了，及看見城市働勞者的樣子太險惡了，于是提出一個妥協案——擴張選舉權，以謀包括這城市勞働者。

但我們應該記清楚：所謂普通選舉只是普通男子的選舉，婦人的這權利還沒有人想及。然這妥協案立爲選舉法改正委員會中的布爾喬亞委員所承諾。選舉權于是許給了有一定住所的勞働者；這一定住所儘管只一間斗室，能繳特定最低的房租者，皆能享有此權。結果于是這投票權，除當時英國各都市內大大數量的極貧勞働者外，其他的勞働者大概都得到了手。農村普羅列塔里亞特，自然還是沒有。這聰明的狡計，是當時英國保守黨領袖低斯勒里（Disraeli）所想出的，布爾喬亞改良家贊成之，且轉勸勞働者亦予以接受，說此後這擴張運動尚來日方長。然事實上農村普羅列塔里亞特，此後等二十年之久，無定住的勞働者亦直到一

九〇五年俄國革命的解放影響之後才得到，

德國在一八六五——一八六六年間也起了同樣重要的事變。激烈鬥爭爆發于普魯士與奧地利之間。論爭問題爲德意志的領導權問題。畢士馬克的目的，是在于趕除奧國于德意志聯邦之外，而使普魯士在殘餘各國中獲取支配的地位。這論爭結果成爲兵戎相見。二三週間之中，普魯士　　已和意大利結成同盟以反其他德意志各國•的普魯士，竟將奧地利擊成粉碎，而兼併了援助奧地利的小邦——如哈諾發王國（Hanover），自由市佛蘭克霍爾，黑塞公國等。奧地利，澈底地被驅出于德意志聯邦之外。由普魯士作盟主的「北德意志聯邦」又立被組成。而爲得勞働者的同情起見，畢士馬克又布行了普通選舉法。

在法國，拿破崙也逼得沒辦法讓了一些步。關于勞働者團結的二三法律，從刑法內削除了。對經濟的組織的迫害，特別是對相互援助的協同組合及團體等的迫害，也緩和下來了。勞働者裡面的溫和派，用其合法的手段以行動的主張竟得起勢來。他方面，「布蘭基派」的團體也發達；盡力地反對「國際」派，罵法國「國際」派拋棄了革命的行動，諂事于拿破崙政府。

瑞士則勞働者只從事于地方的事務，唯住在別國的亡命者對「國際」關心。伯克爾所領率的德意志支部，出了一個刊物叫做「先驅」(Vorbote)成了德意志國內和拉薩勒一派相反而加入了「國際」的勞働者的中心機關。

「大會」于一八六六年九月開于日內瓦，(Geneva)正是普魯士破奧地利，及英國勞働者自以爲此次政治上大勝了布爾喬亞而趾高氣揚．以後不久的事，但一開就醜聲四播。「蒲魯東派」之外，「布蘭基派」也從法國跑來主張要參加。他們都是一些學生，非常富于革命的傾向，執拗地行動，而又沒有委任狀。最後于是被野蠻地排驅于會場之外；說者且有當時擬沉之于日內瓦湖內之謠。這自然是笑話，但不演一劇拳打脚踢的全武行，這騷擾不會平靜，也是事實。而拳打脚踢那樣的把戲，在法國人捲入了黨爭漩渦內時又是極平常的茶飯事。

但議事一開始，「蒲魯東派」與「總務委員會」——埃卡留士與幾個英國勞働者所組成的——的代表間，卽發生了正式爭鬥。馬克斯不能出席，因爲他正忙于『資本論』第一卷的整理。再一理由則是病身而復受德法偵探的嚴密監視，旅行未免太困難。但他同時還是作了很詳細的報告書，將應提出「大會」討論的各問題概列舉于內，送交了「總務委員會」的代表。

法國代表，亦作了一極精密報告，內容簡直就是說明蒲魯東的經濟思想。其中復明言他們反對婦女勞働，他們說「自然」曾指示婦女的地位應在火爐傍邊，應在家庭之內而不在工場之中 又聲明他們絕對反對同盟罷工及勞働組合。他們只提議于主義原則下應組織協同組合，尤其是交換機關。而第一條件則爲協同組合間之互相協定及無利信用貸借制度之急須設定。此外他們主張「大會」應承認國際的信用借貸之組織。但結果他們所成功的不過是一個決議案的通過，即「大會」決議「國際」的各支部應研究信用借貸的問題，應勸告勞働者的貸借團體相互併合。又他們還反對對勞働時間加以立法的干涉。

但英德代表都反對之。他們用決議的形式，一點一點把馬克斯的報告中之與此相關者提出之。

馬克斯的報告則主張「國際」主要作用是在于將那些爲自己的利益而鬥爭的勞働階級，的各種的勢力統一起來，調整起來。作成一個團結，使各國勞働者不感覺自己單是戰場上的一個同志，而且是解放大軍中的一個分子，是爲必要。在同盟罷工時組織國際的援助，以干涉甲國對乙國的自由罷工運動取破壞策略，——是爲必要。

再則還有一最重要問題，就是馬克斯力言：應由勞働階級自動地組織對其自己的狀態作科學的調查。調查所得的全部材料則應送交「總務委員會」，交其整理。至于勞働階級自去調查時的各種要點，他也一一簡明地指示了。

勞働組合的問題，則惹起了最激越的爭辯。法國代表反對同盟罷工，復反對其他任何對雇主有組織的抵抗。他們說勞働階級只應于其協同組合裡去找出路。倫敦代表則提出馬克斯報告中之關于這組合問題的部分，以作對案，結果後者通過了，但同時又起一誤解，和關于「第一國際」的別的規則上所起的誤解一樣。卽這部分之正確的原本，很久很久都沒發見；德國人只于伯克爾的「先驅」上看到極不完全的譯文，法國人着到的譯文更不成東西，于是誤解遂發生。

馬克斯在『哲學的貧窮』與『共產黨宣言』內關于勞働組合所說過的一切，卽認之爲普羅列塔里亞特的階級組織上的核心而說及過的一切，現在在這報告書中他更以尤爲明透的形式重述了一遍。在這重述當中，他又將該組合眼前當面的各問題，及其轉化爲狹隘的基爾特組織時，自己內部必起的各種顯著的缺點，一一指摘了。現在讓我們就它多考究一下。

勞働組合是怎樣起源的？怎樣發展的？——是資本與工錢勞働之間的鬥爭結果，誰也明白。在這鬥爭中，勞働者的情況非常不利。資本是社會力，集中積蓄在資本家之手。勞働者之能自由支配的只是自已的勞働力。故談二者間的關係爲自由契約，簡直是欺人之語，不稽之言。蒲魯東黨徒之開口閉口說自由正當契約，亦適所以自暴其對資本家生產過程之結構之無識而止。蓋勞資間的契約萬不能于正當的基礎上締結的，儘管在把生活與勞働所必須的物質手段放在一邊，活活的生產精力放在一邊，的那種社會的道德標準上，也是不能正當地締結的。個人的資本家之背後，還有社會力。勞働者所得恃以抗此力的，只是數量。而這數量力，這羣衆，又依勞働者自身爲飯碗競爭所產出所固結•的分裂現象而至于破壞。故這一來，勞働階級當面最緊要的第一問題，即爲如何防止這分裂•的一點。防止分裂，這正是勞働組合自動地發生的來由，勞働者蓋想藉此以除去分裂，至少亦期藉此改良分裂，而獲到一脫離單純的奴隸地位進而締結好點的契約•的條件的。是故勞働組合之主要的任務，很明瞭地是局限在勞働者日常的各要求上，想出方法來制限資本家無休無止的橫奪直搶上，及工錢和勞働時間等的問題上的。換句話，和普魯東派的主張正相反對，其活動不僅是充分正當，而且是必要絕不可缺的。現存的生產制度一天不消滅，那種活動萬無由避免。并且還要加甚，還會普遍化。同時這加甚與普遍化，又必待于勞働者的教育與國際結合而後方能完成。

勞働組合此外并且還有一較此不弱的重大任務，亦爲蒲魯東徒黨所不理解，和其師蒲魯東本人在一八四七年時所不理解一樣。即無意識之中，勞働組合過去現在皆做了勞働者團體的結晶焦點的點。在這點說，勞働組合的職務很像布爾喬亞西發達時的自由市與自治市的職務。勞資小爭持當中如果它是必不可少時，則在工錢勞働制度之廢除上它更是重要的組織要素。

但不幸它自己對它在社會進化上的這方面的任務還沒充分把握其意義。它太耑心致知于和資本作地方的直接的鬥爭去了，它還沒有充分感到自己對抗工錢奴隸制度的活動力。這正是它過去現在皆和一般的政治運動隔離的原故。

馬克斯看出了些徵兆——勞動組合已明在開始覺悟其歷史的使命·的徵兆。這徵兆他于英國勞働組合參加普通選舉鬥爭上看出之，于其脅菲爾(Sheffield)協議會上採決勸告一切勞働組合加入「國際」的點上看出之。故他于報告書中特指點出來。

不過素來砲口對着蒲魯東派的他，到結論的時候，對那些純粹單純的勞働組合主義家耑傾倒于工錢與時間的問題上而忘其他·的點，也批評了。他主張勞働組合應于其初步的問題之外，還要在勞働階級的完全解放的利益之中學到以行動取得爲該階級之意識的組織中心·的地位。他說勞働組合對于任何憬憧這目的之社會的政治的運動，皆應援助之。又說勞働組合應自任爲全勞働階級的戰士與代表，準此自任以行動。且應將全勞働者皆吸入于自己的戰線之內，不使有他。同時還應堅忍不拔地代表工價最低廉的產業部門的勞働者以奮鬥，譬如農業勞働者在特別的條件下勞動着，已被弄得萎弱衰疲不堪，是不可不靠組合起而爲之作代表鬥爭的。最後還說勞働組合應澈底向全世界勞働者作攻心的工作，卽要使他們都明瞭鬥爭不僅不是褊狹的；不是自私自利的，而是和褊狹自私自利等根本相反，目的乃是在于解放數百萬數千萬乃至數萬萬的被壓迫階級。

—— 總之「日內瓦大會」上關于勞働組合的爭論是很有興味的。倫敦代表非常強硬地守住他們自己的立場，結果，決議和他們所主張的也就一致。這決議，在他們看來自然不過是馬克斯徹底的報告書的演繹，但可惜這報告書僅僅他們看見，他們知道。當各種問題未提出大會之前，在「總務委員會」上就已發生了很利害的意見衝突。馬克斯所以對「總務委員會」就曾提出一很精詳報告，于其中痺明在資本家生產過程中的勞働組合的意義。且利用這機會，復以最通俗的方式，將其值價與剩餘價值的新學說提示于聽者，說明工錢•利潤•價格•等的相互關係。「總務委員會」這次會議的議事錄，故異常使人感到忠實與重要，許多布爾喬亞學會必也會羡望之不置。盖一切學識與科學的重量，都已爲勞働階級提示出來了。

關于八時間問題的馬克斯的決議，倫敦代表也同樣巧妙地擁護之。他們反對法國代表;和馬克斯同樣主張勞働時間之立法的限制，是比任何改善勞働階級解放勞働階級之進一步的努力皆爲先行條件；沒有這條件，一切的努力且將無効。恢復勞働階級——各國民中的大大多數——的健康，體力，精力，且保證其知識發展，社會交際，及政治活動，是非常重要的，他們說。——結果，「大會」就根據「總務委員會」的提議，宣言八時間勞働爲法律上的最大限度。這八時間勞働時間的限制，同時是合衆國勞働者的要求之一。故「日內瓦大會」不啻將此要求納入于全世界勞働階級綱領之內。夜工則只于特別的時候，即法律上明白規定了的產業與職業內可以許可。其理想自然還是在于把一切夜工都廢除。

然馬克斯在報告內，對婦女勞働問題之未加

詳說，未免太可惜。他以爲說說勞働時間之縮短于成年男女勞働者皆適用．就已足，又以爲附說一下婦女不可做一切夜業，不可做于女性身體有損的日業，不可做有毒有害的物質作用之下的勞業，就已足。不過他雖沒詳說，「大會」因爲法瑞代表對一切婦女勞働皆持反對的原故，對他這意見轉得容易接收；同時將法代表的提案亦予通過。結果如是決議案就爲：婦女勞働能禁止再好沒有，不過現既還在使用當中，則保住馬克斯所提議的制限是爲必要；——云云。

他的對于少年勞働青年勞働的提案，未受蒲魯東派的任何添加與修改，全部通過了。他說把男女的少年青年引入于參加社會生產的大事業內來，雖然在資本主義制度之下有墮陷之于可怕的罪惡之中的危險與事實，但其實是進步的•健全的•合理的事情。蓋在組織合乎正理的社會裏面，個個九歲以上的兒童都應該從事于生產勞働；因爲自然的法則是要求個個想生存的人都必肉體精神兩方面都勞働的，生理上已有成人能力的人已率無術逃避這命令，同樣在合理的社會內，九歲以上的兒童亦不能逃此社會的命令。同時關于這問題，他還提出了一詳細的目錄——結合人們身心兩面的勞働•的目錄。精神的發達加身體的發達，再加以使兒童對近代生產內所包的各種科學原則能夠把握•的技術的教育，——三者他皆于其目錄內詳述之。

在其報告書中，他又曾觸及協同組合問題。裏面不僅把純粹協同組合的幻想給以破壞，而且提出了該組合運動成功上應有的各前提條件。和在『創立辭』內一樣，這兒他也選生產合作而不選消費合作，

『但協同組合限在矮小的形態——各個工錢奴隸的私的努力所造成的——時，則其制度決不能變革資本主義的社會。要想把社會生產變成

爲自由合作的大調和體時，一般的社會變化又必不可少，即社會一般條件的變革必又不可少；換句話，即社會的組織力——國家的權力，不從資本家地主之手移到生產者本身這方面來，決不能實現。』

——他的這些話，又是盡量力言勞働階級本身最重要的東西是獲取政權的。

至于『綱約』的草案——前面說過的——則更毫無修正地經大會採用了。法國代表自倫敦協議會以來就想解釋「勞働」二字純爲肉體的意味，以謀除去知識勞働的代表；但結果大遭反對，未成功。英國代表且言曰：如果這樣一個提案也得採納，爲「國際」盡力最多的馬克斯，恐怕也就是第一批要排斥的之中的一個。

「日內瓦大會」成了一個巨大的宣傳武器。「大會」所通過的一切決議案——將普羅列塔里亞特的基本要求定型化起來，而且差不多全部是由馬克斯起草的，——成了各勞働階級黨派實際最小限綱領，「大會」且受各國熱烈的響應，連俄國亦響應了。對國際勞働運動所給的刺激既如是其有聲有色，故會後「國際」自身博到極大的聲望.好些布爾喬亞民主主義者團體，亦對它注目，想利用它以達到自己的目的。

第二次大會開在羅簪奴（Lausanne一八六七年）；因爲新國際團體——「和平自由同盟」（League of Peace and Freedom）應否許其參加的問題，又勃發了爭鬥。主張許予參加的一派得了勝利。到第三次大會——在布留塞爾（Brussels）開的——時候，「總務委員會」的意見才得成功。「總務委員會」的意見是：向該「同盟」提議請其加入，且請其會員以「國際」支部的形式加入。

馬克斯在這兩次大會時又沒出席。「羅簪奴大會」之前，他的工作完成了，『資本論』第一卷出版了.「布留塞大會」上，由德國代表提議，通過了勸告各國勞働者研究『資本論』的決議案。決議案中尤特別指出馬克斯是『對資本加以科學的分析，且將資本還元到基本的元素之最初的經濟學者。』的名譽之所有者。

「布留塞亞大會」，復討論機械對于勞働階級狀態的影響，同盟罷工，及土地私有，等問題。決議案率以妥協的精神出之。然社會主義與當時所謂「集產主義」(Collectivism) 等之得戰服法國代表，也是這次大會的事。運輸機關交通機關與土地三者之當移歸社會占有，也是這次才明瞭地承認的。至其最後的形式之採決，則在其後「巴士爾大會」(一八六九年)上。

「羅簪奴大會」以後，「國際」內的中心政治問題是戰爭與其防止一事。一八六六年戰爭後，卽普魯士戰勝奧地利後，一般的見解都是說普法間戰爭必不可免。一八六七年，這二國的關係瀕于危急。拿破崙的地位，自其想抬高聲望而投入不成功的植民地侵略戰爭以後，已非常不安固，他信幾個有力的財政家的教唆，忽打主意去遠征墨西哥。這個使合衆國坐臥不安；因爲她對于任何對們羅主義(Mourol Doctrine)的侵犯皆極端警戒中。拿破崙的計劃，于是很失面子地告了終結。同時歐羅巴的事情，也得怎樣補綴一下才好。但這兒也是失敗纏着他。自被國內政策逼得不能不讓步以後，他就更想在歐羅巴弄到一個兼併成功，以期擴張法國的領土即以強固自己的地位。于是一八六七年發生了盧森堡（Luxemburg）事件。即他打了種種主意想在萊因左岸伸伸手脚皆不成功以後，最後乃想從荷蘭購取盧森堡大公國。該大公國在一八六六年以前是屬于「德意志聯邦」的，但這時則屬荷蘭王支配。素屯在該國的普魯士一聯隊，于是被強制撤退。德意志的愛國家聽到他與荷蘭的這交易，更大起動搖 戰爭的風說遂如潮如沸。但他因爲算一下自己的準備還沒弄好，又忽向後退，于是威風更掃地。反抗聲浪高漲之前他且得一退之餘還須再退。

「布留塞爾大會」時，歐洲情況來得這樣緊張，戰爭眞像迫于眉睫。都覺得只要普法二國準備一完，及合式的口實一得，戰爭就要爆發。而戰爭之必非常損及普法二國勞働者的利益又誰也明瞭，故怎樣防止之是難題，亦是普羅列塔里亞心中最焦念的難題。而普羅列塔利亞運動又本來發展得很快，大陸方面尤其如是「國際」復于一八六八年時已站在國際勞働運動的先頭，發展了很大的勢力，故亦無由免于被深深地捲入此難題的漩渦中。結果于是在一大串的熱烈爭論——有些主張戰爭發生時立應倡起總罷工。有的主張只有社會主義才能使戰爭結束。——之後，大會乃于妥協的結果，採決一比較粗劣的决議案。

但在一八六九年夏，因戰魔暫時消失了的原故，經濟問題與社會問題遂成了該年「巴士爾大會」

(Basle Congress)上最中心的議題。在「布留塞爾大會」上曾皮相地討論過的一切生產機關歸社會所有的問題，現才正式提出于各代表之前。反對土地私有的，大大地勝利。蒲魯東派敗到不堪再起的苦境。但同時新的爭端又已發生。卽這次大會上，有名的巴枯寗竟以獨立運動團體的代表資格跑來了。

他是那兒來的?述四十年代初的情形時，我們已經在伯林遇過他。他和馬克斯恩格斯一樣，都是受一個哲學的潮流所支配。一八四八年他和住在巴黎的德國亡命客相往來，這批亡命客當時曾組織軍隊，謀侵襲德本國。革命中，他在波黑密亞(Bohemia)，和俄國革命家相結合。後來復在德勒士登 (Dresden) 參加薩格遜 (Saxon) 革命家的暴動，被捕，宣告死刑，引渡于尼古拉一世後，幽禁于習留塞堡 (Schlüsseburg)要塞。數年後——亞力山大二世時，乃充軍到西北利亞；逃脫，經日本美國返歐洲。以上是一八六二年的事。後此他第一就是埋頭于俄國的問題，和黑兒曾（Alexamder Herzen一八一二—— 一八七〇）相結，著了幾册關于斯拉夫與俄國的問題的小著，主張斯拉夫人有革命團結的必要。復謀參加波蘭叛亂，未成。一八六四年始晤馬克斯于倫敦，于其口中聽到「國際」的創立，因提出參加之議。但立復轉入意大利，于其地耑心幹別的事，蓋他自己一八四八年的見解，即馬克斯太誇大了勞働階級的重要性•的見解，還抱着未變。依他，則知識階級，學生階級，布爾喬亞民主主義者的代表，尤其是中等階級出身的人們，革命要素還大些強些．當「國際」和最初碰到的那些困苦相爭持，漸始成爲最有勢力的國際團體時，他正在意大利組織他自己的革命團體。既復入瑞士，參加該地布爾喬亞的「和平自由同盟」，且被選爲中央執行委員。一八六八年脫離之，和友人輩另組新團體：「國際社會民主主義同盟」(International Social Democratic Alliance)

而不參入「國際」。(他的這團體，一般概呼之為「同盟」(Alliance)。

新團體——「同盟」所提出的革命立場很高。對「神」與「國家」，頑強地宣言鬥爭。對會員概要其為無神論者 但經濟綱領則幷沒特別清澈。只說各階級經濟地社會地應均等。革命性雖強，一貫的社會主義的綱領也沒提出，只說相續權應廢除。為恐怕嚇走他階級分子起見，自己一定的階級特徵也盡量不力說。——然現在正是它，正是這樣一個獨立的•自有其構成與綱領•的新團體，向「總務委員會」提議：願來參加「國際」了。

而我們現在也跑到這最討厭的問題面前來了。自馬克斯在「總務委員會」大得勢以來，委員會一切的決議，一般都認為他要負責任。這話雖不是始終正確，關于這一回新團體參加的事，他確實有責任．據巴枯寧一派的人說，又據擁護這大草包——雖然是一個極忠實的革命家——的巴枯寧•的馬克斯派的人說，馬克斯那時候峻烈地提出拒絕實在未免太急躁了一些。雖然拒絕一個和布爾喬亞西野合的團體之參加「國際」，我們并不覺得太峻烈，我們的情感并不這樣軟弱無力。

并且我們還記得一宗事。就是巴枯寧曾送其新團體的綱領與馬克斯，且另夾了一封私信，這封信是他從意大利函約爲「國際」努力以來，約略經過了四個年頭的信。這四年來他不僅未常自守函約，而且爲布爾喬亞運動曾傾其全力的事，現在是誰也明白了。但他在信中，自白其現在比以前多多地理解了馬克斯選着經濟革命的堂皇大道之爲正確，對于迷入于純粹民族的政治的革命之旁門左道的人亦復表示嘲笑。而且帶着哀調的筆致附言之曰：

「弟自伯倫 (Berne) 大會嚴肅地公開地和布爾喬亞西分袂以來，除勞働者之世界外已不復知有其他任何團體，任何環境。弟之故鄉今已參入

「國際」，吾兄又爲「國際」創設中最重要分子之一。嗟乎良友，是則弟乃吾兄之弟子，弟敢不矜式此令名」。

此信常使巴枯寧的友人讀之流淚，而痛憤于馬克斯之無情；因爲馬克斯曾冷峻地拒巴枯寧所伸出的手而不與之握。同時默林也說信中眞摯之情溢乎言表，不應猶對之懷疑，云云。

巴枯寧這眞摯，我們自然也很願意相信。但是讓我們站在馬克斯的苦境上看一看。他誠然是一個鐵而無情的人，但默林也承認：一八六八年末止，他對巴枯寧的態度是極寬和的。幷且這樣一封傷感的信，在馬克斯爲什麼轉覺得非常不忠實呢？我們讀一讀也能明白。因爲那不是一個非常年輕的人寫的，乃是五十歲的人寫的，且是一個曾經參加「普羅列塔亞世界」•轉眼卽棄之如遺•而投入「布爾喬亞世界」•的五十歲以上的人寫的。且是邇來四星霜，未聞其少賦伉雖，今忽謂今是昨非，翻焉徹悟，欲入「國際」，再參正果的人寫的。然則其要求不似乎太不近情麼？——則一八六四年對他太信任過的馬克斯，現在特別愼重，也難說不應該了。故馬克斯，我們實無由證其有誤。

「總務委員會」于是對巴枯寧表示絕對拒絕。但他巴枯寧復來告曰：「同盟」已解散，支部已決變爲「國際」的支部，僅維持其舊有的理論綱領，仍望許予加入云。「總務委員會」于是也就許其只在共同基礎之上加入進來。

但表面上一切雖像都解決得圓滿，實則不然。不久馬克斯就很有根據似的疑起巴枯寧來了，他疑巴枯寧單是欺騙「總務委員會」，他的解散團體只是敷衍，實際上其中心組織幷沒解散，蓋想用以爲將來奪取「總務委員會」之具云。——這個成了爭論中最難解決的一點。我們現在就假定馬克斯是惡人，巴枯寧是善人且是天使樣的人，也不要緊。但僅這個，還是沒有觸到本題上來。我們早就知道巴枯甯幹過種種小罪小惡的事。個個人都是有毛病的。擁護巴枯甯的人應該堅決地答覆：這樣秘密的組織到底存在不存在？巴枯甯斷言地說他解散了組織的時候，到底欺了「總務委員會」還是沒有欺？

我們雖然愛馬克斯，但如果巴枯甯的朋友——如已故「國際」史家脚姆——能證明一切都是捏造而非事實，那末我們很可以同意于巴枯寧的許多朋友的主張，說巴枯寧是受了非常執拗惡劣的讒謗。但不幸事實上「同盟」竟繼續存在，且對「國際」幹了很頑強的鬥爭。那可愛而又善良的人——巴枯寧，竟不躊躇于爲目的不擇手段。自然我們還不是想據此以攻擊他。不過他的崇拜者硬要說他是沒有弄過不正當的手段時，還有一個崇拜者說他曾沒有犯過不誠實的罪行時，則未免太滑稽了。

但巴枯寧以爲一切手段皆正當，以求實現的他的目的，究是一個什麼目的呢？曰布爾喬亞西社會之破壞，社會革命，——就是他所憬憧。但這個和馬克斯的目標，不是一樣麼？則衝突當然不應起于這方面而應在其他了。不錯，實際上他二人間的尖銳的意見衝突，乃就在于革命方法學上。

先不要管，給它破壞罷，破壞之後一切自然會自己弄得好。破壞——又愈快愈好。破壞只是把革命的知識分子及窮而怨的勞働者一煽起就得。煽起之前最要緊一宗事是由一批心裡頭懷着革命的惡鬼而又果敢的人，組織一個團體。——如是如是，就是巴枯甯全教義的本質。這個表面上很像歪特林的教義。然也不過皮相的相像，和與布蘭基派教義的相像一樣。蓋問題的最大難關，是在他對普羅列塔里亞特應獲取政權一點聽也不聽，的上面。他否認任何形態的政治鬥爭，該鬥爭只要是在現存布爾喬亞社會的基礎上執行，該鬥爭只要是爲普羅列塔亞的階級組織上有利，他概否認。故在他與其信徒的眼中看起來，像馬克斯及其他，視政治鬥爭及普羅列塔里亞組織爲政權獲取上不可少的條件的人，皆是阻碍快要到來的社會革命•的愚劣的機會主義者。也就是他那一派爲什麽那樣敏快地找到機會，來描繪馬克斯爲一爲實現其思想起見不惜假造「國際」『綱約』的人•的由來。他們公開地用圖畫用信書及用最惡劣的言辭，罵馬克斯。他們能取排斥猶太人的手段，其極且能說馬克斯是畢士馬克的爪牙。

巴枯寧，他在意大利與瑞士都有聯絡。在瑞士用法語的地方尤多同志　我們現在不能詳究這事象的原因，他的宣傳，在「僑民勞働者」之間（由大陸來英的勞働者），及在各種發達的產業的競爭之中日漸感受苦痛•的熟練鐘表職工之間，尤其特別成功。

他控引着多數的分子，到「巴士爾大會」來開會。一般地，這種時候，最初的爭鬥總是由完全別種理由出發的。他現在也是一樣。素來對任何機會主義都猛烈地反對的他，這時候要求相續權之立刻廢除更特別表示得執拗。但「總務委員會」的代表則主張這種手段——如在『共產黨宣言』內所指示——只于普羅列塔里亞特實現其奪取政權上作一過渡的手段上有其重要性。未奪取以前，則課資財以重稅及限制相續權就够。然巴枯寗，則論理與實情概不考慮，在他，這手段是在于宣傳的見地上有其重要性的。總之表决時兩方面都沒有過半數。而第二個衝突又起于他與里布克涅希特之間。卽德意志的一個新而重要的團體，亦于這時候初來參加這會議。這時候正是里布克涅希特與伯伯爾(August Bebel)和希歪則猛烈地黨爭之後成功了另組一派，該派在埃塞納哈(Eisenach 一八六九)開成立大會時又採用了「國際」的綱領。其中央機關報又曾徹底地排斥過巴枯寗在「和平自由同盟」內的活動，與其舊的「汎斯拉夫」的見解，且加以很利害的批評。默林說馬克斯個人表示過不贊成這種酷刻的批評；不過如我們在霍格特問題裡所考察，他對于他的同志的行爲是始終負責任的。巴枯寗現想利用「大會」對里布克涅希特復仇，但結果也就調和收局。

再次的「大會」本應在德國開會。但沒有開成，「巴士爾大會」後，政治空氣之險惡幾直有戰爭立刻勃發之勢。世界史上最大陰謀家之一的畢士馬克，很巧妙地把他的師傅拿破崙瞞過了。他一方面在國內充分準備了戰備，另一方面又把局面旋轉起來，使全世界眼中都認法國爲一侵略國。

戰事眞起時(一八七〇年七月十九日)，但又非常出人意外。法德的普羅列塔里亞特，都一時不知所措，無從妨止。宣戰佈告(七月廿三日)後數日，「總務委員會」發佈馬克斯起草的一個宣言。

冒頭引用「國際」『創立辭』，而對

「遂行其犯罪計劃•利用國民間的偏見•而濫費人民的血與財于海賊的戰爭•的外交政

策」，

加以攻擊」

次則對拿破崙加以痛烈的糾彈。將法國「國際」主義者擴大其猛烈的反拿破崙運動以後•拿破崙對「國際」攻擊之更加緊情形，綿密地描出。且說無論那方面戰勝，「第二帝國」的最後的死期總總已經到了。該帝國之末日和其初日一樣，都是一齣滑稽的雜劇」

但僅僅拿破崙有罪麼?斷不如是。我們應該記得歐羅巴諸政府以及支配階級，曾十八年來援助拿破崙唱那「第二帝國」的喜劇。

復次，他雖是德國人，他猛烈地攻擊他的祖國。從德國的觀點看，這次戰爭是防御戰爭。但是誰將德國置于不得不要求防衛之域的?誰誘惑拿破崙使來攻擊德國的?——一言以蔽之曰「普魯士」。普魯士曾和拿破崙密約攻奥地利。普魯士如敗北，法國軍隊將在德意志國內洪水橫流起來。但是普魯士勝奧以後，自己到底幹了一些什麼鬼呢？她不僅不用解放了的德意志去反抗奴隸主義的法蘭西，且將舊普魯士的政治魔力全加保存，復將拿破崙的政治特徵全行移植。——云云。

最初決雄雌的戰局，異常敏速地告了終結，法國全沒準備的情形完全證實。法國陸軍總長得意地聲言什麼都準備好了，最後一粿扣子都準備好了；但其實就使有扣子也沒有裝置的地方，其空虛殆如此。結果六週間之中，法國正規軍隊全被擊破，九月二日，拿破崙且委其萬乘之軀及金城湯池的塞單（Sedan）要塞于敵。九月四日，「共和國」宣布于巴黎。普魯士雖聲稱只和拿皇一人戰，然現共和國成立後還繼續不休。且轉爲延長戰，頑抗戰，所謂戰局的第二段。

法國一宣佈共和國，「總務委員會」乃再發一關于戰事的宣言（一八七〇年九月九日）。也是馬克斯的筆；其對于歷史的時期所加的精深的分析，其眞實的預言式的深察，皆爲其著作中最有精彩之一。

他在第一宣言內已預言過這戰爭必導第二帝國于崩壞，第二宣言冒頭，卽先引此先見作破題。同時他前對普魯士外交政策所加的批評，也同此預言一樣特別正確，所謂防禦獨夫的戰爭，竟一墮落而爲攻擊法民的戰爭，塞單未陷落及拿破崙未捕虜以前，拿破崙軍隊出乎意料外的崩潰成爲公開事實以後，普魯士軍閥卽自宣稱其征服政策。馬克斯于是在這兒復曝露德國自由主義布爾喬亞西的僞善行爲。且利用恩格斯所供給的報告——恩格斯這時如一專門家熱心地探究戰事的發展而預斷塞單之必陷落，——揭破畢士馬克和普魯士各將軍爲想證實其兼併亞兒薩士及羅連（Alsace and Lorraine）爲正當而提出的軍事意見，之爲虛僞。

因爲他是反對任何兼併與賠償的，故他主張

這樣強制的平和必導成第二戰禍，法國必想回復她所喪失的東西，必會設法和俄羅斯同盟。帝政的俄羅斯，自「枯里米亞戰爭」後久失掉了霸權，必又會成爲歐羅巴運命的裁判官。這個有靈感的預言，這種對歐羅巴歷史必走的方向所加的深察，正是唯物史觀之本質的眞實•的顯著而又實際的實證」同時宣言之結論曰：

『條頓族的愛國者，果眞信把法蘭西逼到俄羅斯的腕裏去而德意志的自由與平和卽可得而保證麽？如果國家的武運，成功的傲慢，及王朝的陰謀，眞導德以沼法，則德之前路亦僅兩條。——一卽不惜犯一切危險以作俄羅斯封豕長蛇之公開工具；他則少事休息之後，再作「防禦戰」爭之備準。而這戰爭，又必不復爲新式「地方的」戰爭，而必爲民族的戰爭，——卽和斯拉夫羅馬二民族的聯合軍交綏的戰爭』。

眼前德國的愛國先生們，眞是碰着目擊這預

言最後之一字一句亦成實現•的運命了。

再則該宣言結論時還說到勞働階級當時所遭遇的各實際問題。它曾勸告德國勞働者應要求一名譽的平和及承認「法蘭西共和國」。對境況更困苦的法國勞働者，則勸其應嚴重監視其國內的布爾喬亞共和主義者，且應利用這共和國以迅速地發展自己的階級組織而獲得解放。

接着果然種種事件又充分證明馬克斯對法國共和主義者不加信任之爲正當。他們寧可與畢士馬克講和而不願對勞働階級絲毫讓步• 的可恥的所爲與心理，遂導成「巴黎公社」(Paris Commune 一八七一年三月十八——五月二九)。而三個月間英雄的爭鬥之後，這最壞的情況之下的普羅列塔里西獨裁制•的第一次實驗，也就失敗了.「總務委員會」所處的地位，無能力給法國人以必要的援助。普法軍隊切斷了巴黎與法國及與世界的聯絡。「公社」實際上喚起了世界的同情.遠如俄羅斯，亦起了革命的反響。

「公社」存在中，馬克斯總想和巴黎的「國際」分子取得聯絡。失敗數日後，應「總務委員會」之請復作一有名的公開狀(1)。他一步一步爲受全布爾喬亞新聞所誹謗的「公社」戰士作辯護。他說「巴黎公社」是普羅列塔里亞運動上最大的一步前進，是共產主義實現上所希企的普羅列塔利亞國家的原型。以前，根據一八四八年革命經驗，他就得到了一個結論：即勞働階級奪取政權後，不可就那樣擱住布爾喬亞的國家機關使用，必先將該國家的官僚機構及其據以保其存在的警察力，加以破壞而後可。現在「公社」的經驗，更給他對這結論以充分實證了。即充分實證：普羅列塔里亞特握着政權後，勢之所處必須按自己的要求創設自己的國家機構，而不可馬馬虎虎襲用舊物。同時「公社」又詔示了一宗事：普羅列塔里亞的國家不可僅據國都那樣的都城以圖存在。其勢力必得普及全國以便隨時得以鞏固；又必席捲及于多數的資本主義國家，以便保障最後的勝利。

(1)這公開狀發布于一八七一年三月三十日，後來用『法蘭西的內亂』（『The Civil War in France』）的題目出版。

但巴寗枯與其黨徒，則得到一完全相反的結論。他們之反對政治與國家，依此更強烈化。他們強迫立刻盡量地在個個都市創設公社；他們以爲一都市創設成了時，別的都市就必會跟着來。

「巴黎公社」之敗北，給「國際」本身以最不良的結果。法國勞働運動，數年間都萎縮無力。而且在「國際」中的公社亡命客大部，內面又發生極猛烈的黨派紛爭。影響且及于「總務委員會」。

德國勞働運動，也遭了很利害的蹉跌。伯伯爾與里布克涅希特，因反對亞兒薩士•羅連二州的合併及聲明與「巴黎公社」團結一氣的原故，被捕禁于要塞監獄內。失掉了黨的信任的希歪則，則脫黨。前二人的黨徒——所謂「埃塞納哈派」，則和「拉薩勒」(1)分家，仍獨立地繼續其工作。然二派在其後同受政府暴威所襲擊時曾相接近。——總之「國際」依此遂失掉大陸二大國的援助。

(1)這二團體，前者跟馬克斯，後者跟拉薩勒，到一八七五年「哥他大會」(Gotha Cogress)時才結合，以前都是個別存在的。

同時英國勞働運動裏也發生了裂痕。大陸二最大產業國間的戰事所給英國布爾喬亞西的利益，正和最近世界大戰所給亞美利加布爾喬亞西的利益相等。他們得了這麼大的利益，于是能分幾成給各主要產業的多數勞働者。勞働組合也就得到了大的行動自由。幾種法律——所以壓防組合的，也概加了撤廢。——這些事，都給「總務委員會」中幾個在勞働組合內担任重大的任務的委員•的影響不淺。「國際」愈變成急進時，許多組合就愈變成溫和。他們爲利用地位以保個人利益計，形式上還仍舊做「總務委員會」之一員。但「公社」事一起，及由「公社」事件所引起當局對「國際」之辛辣的壓擊一來，無一不使他們恐懼。馬克斯關于「公社」事件所起草的公開狀雖是「總務委員會」的意見，但他們竟急於否認其與「總務委員會」有關係，——于是「國際」的「英國支部」內就引起分裂。

在這種環境之下，一八七一年九月「國際」的協議會乃在倫敦召集。會上兩個主要討究問題中的一個，爲最糾紛的關于政治方面鬥爭的問題。和這問題相關，巴枯寧派素所提出的馬克斯假造國際綱約的話又舊事重提起來了。但探決結果的決議文中，對此答復得無絲毫破綻與疑影。根本證實了巴枯寗一派的失敗。這決議文知者還不多，因引出其結論中的一節于次：

『我們現在正和毫無拘束的反動勢力碰頭了，這反動勢力正想兇惡地粉粹勞働階級方面一切解放的努力，及以暴力維持社會的階級分裂，與由此分裂所產出的有產階級之政權支配；……

把勞働階級結成政黨，以圖保障其社會革命的勝利及其最後目的 — 階級消滅 ——之達成，是不可少的；

勞働階級依其經濟鬥爭所實收了的力之結合；同時應于對地主及資本家的政治鬥爭上用作槓桿——

本協議會現要求「國際」各員記取下列一事：在勞働階級的戰鬥狀態當中，經濟運動和政治運動是不可分地密相結合的』。

「協議會」還有一點不得不與巴枯寗派相爭抗。就是巴枯寗雖然抗辯，其秘密組織之確尙存在的點已爲「總務委員會」一般所確信。「協議會」于是作一決議案：卽凡自具獨立綱領•謀以「國際」作其機能•的組織，槪禁止之。同時復承認巴枯寗派「同盟」已經解散的宣言，而宣告此事已告終結。

但此外復新設了一規則，使巴枯寧與其俄國徒黨很感覺困難。即「協議會」決定以絕對的態度宣言「國際」和尼茶葉甫(Nietchayev)事件全沒關係，及尼茶葉甫曾詐稱「國際」名義，招謠撞騙，

這決議案是對巴枯寧一人作的；因爲他誰也知道很久以前就和尼茶葉甫——一八六九年三月從俄國逃出的俄國革命者——有關係。這年秋，尼茶葉甫復曾歸國，用巴枯寧的聲望組織了一特殊的巴枯寧團體。而且對一學生伊華諾甫(Jvanov)附以俄政府的偵探嫌疑，藉二三同志之力加以暗殺而復逃來歐洲。和這事件有關係的人，復被捕而于一八七一年夏付諸公判。公判中推事又發表很多書類，于其中將巴枯寧團體與該團體的俄國支部•之與「國際」的關係，列舉得一榻糊塗• 我們要知道這些書類是誰寫的，只要一檢比巴枯寧所寫的東西就可充分瞭解• 其與巴枯寧告歐羅巴同志宣言書不同的點，就是措辭異常率直•其爲尼茶葉

甫所竄改添加的部分，則于其表現之粗雜與疏忽的點上，一眼就能明白。

這事件，素來一般總是這樣解釋：即斷言巴枯寗是受了尼茶葉甫的影響，而後者又騙了前者，利用前者以達自己的目的——云云。

但尼茶葉甫知識雖誠很低——對一切理論皆以爲無益而加排斥，但天賦絕倫的精力，鐵的意志，對革命尤捧獻其極端的忠誠。他在裁判中監獄中，皆表示其剛毅不屈的男子氣概，及對壓迫者剝削者●的如火如荼的憎恨．他對于他所不惜性命以赴之的目的，只要他以爲好，什麼都來，什麼手段都不擇；然同時又决不爲自已個人的理由而幹卑劣的玩意。在這方面說，他確是不能倫比地高出于巴枯寗之牆數仞。巴枯寗是只要于個人的目的有好處，什麼交易都不躊躇的。簡言之，尼茶葉甫的道德的高越，是無懷疑餘地的。任何點上看起來，巴枯寗都意識了這高越是事實；否則他那能那樣脅敬•那樣評價•一個知識在他之下的人呢？

但是由此就推論尼茶葉甫曾強致其革命見解于巴枯寧，則又未免太老實。不待說這推論的反面，轉像眞情。即尼茶葉甫反是巴枯寧的弟子，我們不可以知道。但雖然是弟子，在破壞的使徒（即巴枯寧），將自己是一個毫無貫徹性的性格之所有者•的點，及是一個毫不堅定而動搖的革命家的點——自己加了自證之後，則弟子尼茶葉甫在其鐵樣的一貫精神當中，實在表現得太青出于藍了。尼茶葉甫從其先生的理論原則中確曾得到了實行的推論。當巴枯寧向他說：我收了前金不能拒絕所接受的工作（翻認『資本論』）的時候，他立說我代您解除這責任罷。他果然簡單地做到了。他寫封信給巴枯寧與出版店之間的中間人，用革命委員會「人民之復仇」的名義而與之言曰：閣下如不想死，就請把巴枯寧放開罷！云云。

因爲他的先生總是對他力說大產業之下的勞

働者沒有用•只有流氓普羅列塔里亞特(Lumpen-prolulitariat)是眞正社會革命的担當者•的原故，又因爲他的先生素認罪人與強盜是最可望于引入革命之羣•的分子•的原故，于是做弟子的他，遂極貫澈地達于結論曰：瑞士的殺人綁票團應當組織起來以爲掠奪之用。我們知道巴枯寗後來和其弟子分開了；但這不是因爲主義不同，乃是因爲先生太怕于學生的戇直。巴枯寗曾不把這分手的事告人；因爲弟子手裡關于他的秘密事情的文書太多了。

「倫後協議會」直後，更利害的鬥爭又勃發了。巴枯寗派公開地對「總務委員會」宣戰。他們說「總務委員會」欺騙了協議會，爲獲得政權起見，強將必要組織普羅列塔利亞特成一特殊政黨的偶像理論，塗抹于「國際」之上。他們要求再開一個「大會」，以謀澈底解決這問題。

這「大會」于雙方熱狂的準備之中，于一八七二年九月開成了。最初馬克斯出了席，巴枯寗不來。

關于政治行動之前協議會的决議案，再被採決。其中只加一點點，這一點點也純是『國際創立辭』內照樣採錄下來的。曰：

『因爲地主與資本家老是用其政治的特權，以謀保護及永續其經濟的獨占而奴化勞工，故普羅列塔里西特的偉大義務是戰取政權』。

關于巴枯寧的那「同盟」，爲審查其一切文書起見特組一特別委員會；而其審查結果是：這團體確尙如一秘密組織存在「國際」之中，因提議請將巴枯寧及腳姆二人除名。這提議也通過了。

巴枯寧的除名決議文中，除上舉理由外且聲明還有他「個人的理由」。即是指尼茶葉甫那宗事。本來「大會」純站在政治理由上開除他，是毫不成問題的。不過人們如果因「大會」在政治理由之外，復把他個人人格的缺陷所生的悲劇的插話亦引了出來，就持以爲大攻擊而特攻擊馬克斯的工具時，則未免太滑稽。更滑稽的則爲將全事件解釋之如次：巴枯寧之被開除，是因爲得了書店的錢而沒爲書店完成翻譯之故；但這種事是一般文人所常幹的，足以形成巴枯寧的欺詐罪麽？云云。——不錯，這誠然不是欺詐罪；但巴枯寧的辯護者流！諸君如主張馬克斯不應責咎巴枯寧，則諸君不是不明瞭開除不單是爲還了錢或沒有還錢給書店的問題，就是諸君忘記了開除决不單是爲的這問題。問題比此還重要得利害呢！在諸君與巴枯寧本人，因以爲沒有還錢只是一種輕率，只是一種應該寬恕的輕犯，只是書店吃些虧。但殊不知在特别委員會上的各委員，則殊不能這樣輕率，這樣寬恕。因爲當時一切文件都在他們手裡，在那文件當中他們都感到了都是一種濫用革革團體名義的犯罪；而該革命團體，一般人心理上又都以爲和「國際」有關；故「國際」不能默緘。尤其是該濫用又是爲的私人的理由，爲私人免除金錢上的責任的理由，故更不能寬恕。那些文件，使當時特别委員會給以發表，則誰也容易想到布爾喬亞社會必大大地拍掌稱快。——尼茶葉甫就曾這樣說過。蓋其內容，不僅不和巴枯寗的主義相背馳，而且是充分相調和的。況我們還要附說一事：就是他之和尼茶葉甫分手，也幷不是爲的這事。乃是爲的：在他看來，尼茶葉甫連他都要用作達成革命目的的工具，太咄咄逼了他的原故。同時還要記得：他寫給他的朋友的信，常充分說明他對于他的敵人——當然馬克斯也在內——決不僅加之以政治的攻擊，而且老實不客氣地加以個人的攻擊。故現在「大會」提到他個人的事，他胡復何尤？幷且現在我們還曉得了一宗事，就是那有名的「革命者入門」一書，——被法廷公開時當時革命家無不怒塡胸臆憤不可言——素來都以爲是尼茶葉甫所著，巴枯甯的友人亦都替巴枯寗否認，盡量地塗在尼茶葉甫身上，誰知大大不然，現在我們知道也是出于他的名手了。

「海牙大會」(Hague Congress)，依恩格斯的

提議 將「總務委員會」的長住地移往紐約而告了終結。我們已經說過：當時「國際」已失了投錨的所在；不僅僅在法國——一八七二年以來僅僅加入「國際」亦構成刑罪的法國 在德國亦如是，在英國亦如是。在當時猶以爲紐約之遷 不過是一時的事，但誰知一去不復返，「海牙大會」竟成爲「國際」史上最後多少有意義的尾聲。換句話，即一八六七年，「總務委員會」在紐約宣布了「第一國際」之不復存在，「第一國際」之解散了。

第九章

恩格斯移住倫敦。恩格斯參加「總務委員會」。馬克斯病。恩格斯代馬克斯」『反丟林論』。馬克斯的終年。馬克斯遺稿編輯者的恩格斯。恩格斯在「第二國際」的任務。恩格斯之死。

如上我們把「第一國際」史完結了，但我們沒工夫說及恩格斯。該「國際」之成立上 他本沒參加，直到一八七〇年他還是不重要及不直接的分子。那些年間，他作了些文章登在英國勞働界的報誌上，同時還是繼續接濟馬克斯。因爲「國際」初幾年，馬克斯復陷于最貧苦的境地。假使沒有他的接濟，及不得到老友倭兒甫的小小遺產，馬克斯將不能戰勝這貧困，且必不能有工夫準備那大作出版。看這封悲慘的信就知道，這是他把『資本論』最後一頁較正完結後寫給恩格斯的。——

『畢竟這一卷給我弄完了。能這樣，都是你的惠賜。沒有你的犧牲的援助，我决不能完成這三卷絕大勞作。我用滿腔感謝擁抱你。』

恩格斯常被人譏責，說是 個製造家。這個自然我們也得承認，但同時也要附說一句，他的製造家生涯很短很短。他的父親一八六〇年去世之後，他還單是以一職員的資格留職。一八六四年，他才做社內股東之一，管理社務。但在這當中，他無時不想脫離這「狗的買賣」，其所以未實現，決不是祇爲自己，還是爲馬克斯。關于這點，我們看一八六三年他寫給馬克斯的信就可明白。在那些信裡他告馬克斯：他正在進行脫社，正在社內各方面交涉，且正在想法如何可以保證你我此後經濟的獨立，云云。果然，他交涉妥當了。一八六九年，他在能供給其友人不虞匱乏的條件之下，離開會社了。他的長年窮鬼壓迫之下的友人，亦至此才眞得到解放而鬆口氣了。——他自己于一八七〇年九月，一切手續辦好之後搬回倫敦。

他之搬回倫敦，在馬克斯不單是個人的幸福的意味，「總務委員會」內自己所負擔的絕大責務，得他來可以大卸仔肩，才是重大的意義。當時馬克斯所要接頭或通信的各國代表，簡直不計其數。而他則在幼時就有語學天才之名。他能作十二國語的文，如其朋友們的開玩笑，他還能吃吃地說十二國語的話。所以現在要他來管各國通信事務，眞

是理想的。併且他的長期實業生涯經驗，在這方面也非常有用，卽他和馬克斯不同，旣做得快又有秩序，

他一入「總務委員會」卽立刻接收了這工作，——以使被過度的貧困與艱難所迫而健康大不如前的馬克斯，得以少暇。同時別的工作也接承了；精力絕倫的他正是早就曾找這種機會，現恰如意的。故查「總務委員會」當時的議事錄就曉得，他立刻成了一個最勤勉的分子。

但是這環境，還有其他一面。他回倫敦是在和巴枯寧派鬥爭已開始•「總務委員會」內部亦已發現了影響的時候，幷且如上所述，英國代表中也正起了重大的不一致的時候。換句話，這實是理論上戰略上，兩方面都戰爭尖銳化了的時候。

本來誰也知道，純粹主義策略方面的鬥爭，亦不能免于個人要素——好，惡，同情，偏見，及其他——之強烈的混入，這種鬥爭發生于一地區的範

圍內時，也還有選地移居等一時息爭的有效方法在、發生于一州一國的範圍內，這方法也還有効但于「國際」內部則毫不適宜。這種解決雙方對立的方法，只有其限定的意義。根本上究不如以協定的方法或分離的方法解決之爲妙。

上來我們述過了「國際」英國支部內面所以起糾紛的各種客觀原因。許多「國際」史家——特别是英國勞働運動史家所不瞭解或不能瞭解的，是一八六四至一八七三年指導國際勞働運動的「總務委員會」同時就是英國勞働運動的指導機關，的一宗事。所以如果「國際」的事情會要影響到英國運動上去時，那末其反面也必是眞的，卽英國勞働運動的個個變化，一定要反映「到總務委員會」的「國際」機能上來。在前章我們又曾指出過英國政府一八六七到一八七一年間對勞働者讓步——許城市勞働者投票權及勞働組合立法——之結果，「總務委員會」內的勞働組合分子遂開始傾于穩和的話。埃卡留士，也開始向這方面跑。他現在成了一個得意的紅人，并且變成了—— 勞働者裡面常有的現象 — 對布爾喬亞西亦取寬大態度的紳士。他之外，和馬克斯不一致的委員又還不少。

恩格斯一出現作總務委員• 及常迫得要代理馬克斯•等等個人的事實一來，從來緊張的狀態遂更爲之惡化。他在滿竭士特二十年間的生活，失掉了全部和勞働運動接觸的機會

而反之馬克斯則在這中間，住在倫敦，和憲章黨人相關係，爲憲章黨的刊物做文章，且和德國勞働團體亡命客等相周旋，他同志也會講演也來，爭辯也幹；大體上一般的人和他這「老頭子」的關係又總都是感情很好，以同志相看而且相親愛。——這個就是政治上和他分了家的人，在其後來的追懷談裏也都如是說。特別是「國際」時期，勞働者和他之間築成了很溫暖的關係。「總務委員會」的委員，看見他住的是那麼貧賤的房子，吃用是那麼粗

素的東西——他沒有比普通英國勞働者吃用過好的，——在「總務委員會」上又得相識，其犧牲其時間與精力于勞働階級時，又雖最愛的研究科學工作亦能放擲而不顧，——于是就都對他表示十分的敬意。他一切報酬都不要，一切外表的尊崇都拒却，一切名譽的稱號都辭退，他只是粉骨碎身地工作不休。

但一到恩格斯則非常不同。「總務委員會」中的英國委員，都一點兒也不認識他。別的委員知道他的程度也一樣。只有德國同志當中，還有幾個人記得他，但他想在這些人當中得到地位，也還要大大努力。大部分的委員，都以爲他是一個財主，一個滿蝎士特的製造業家，二十年前曾用德文著過一本論英國勞働者的很好的書•的著作家而止。同時他二十年間都混在差不多絕對的布爾喬亞環境之內，交易所的狼及產業界的鷹之中，他的素以擺架子著名的態度也就更神氣十足了。他總是一身的邊幅修得整整齊齊，禮節不虧而容表冷然，軍隊式的派頭，激言不出于口。——他是乾脆的枯與乾脆的冷。

這是四十年代認識他的人的描述。我們知道他在「新萊因報」的編輯室內，馬克斯不在時他總是因自負自傲于智識之優越而大爲同事所反對的事．他沒有馬克斯那樣易于衝動，但在個人關係上他比馬克斯還不能忍耐；他和理想的同志與理想的指導者——倭兒甫馬克斯等相反，許多勞働者都對他發生了反感。

——他唯于漸漸順應新的環境之後，始得改正其舊習慣。但當時情勢已非，最困難的數年間他復不能不更多代馬克斯做工作，于是遂使已經緊張了的「總務委員會」的關係愈趨惡化。——這事實，正是對于不僅埃卡流士，而且茵格（Hermann Jnng）——老和馬克斯合作•作過很久的「國際」書記幹事•個人關係也和馬克斯頂密切•對馬克斯的重大責任很願意而且很巧妙地帮過忙• 的人——亦至于脫離組織的原因，作說明的。

然這全事實，不幸還要帶起許多笑話與風說來。如上所述，許多人正因爲不知道恩格斯，于是就不能瞭解馬克斯爲什麽那樣喜愛他及稱舉他，從而于是其解釋就汚到極處，——只要一讀「英國社會民主黨」的創成者海因特曼 (Heury Mayers Hyndman 一八四二——一九二三)所著的討厭而卑劣的回顧錄，就頂夠了。依他們說，馬克斯之對恩格斯評價得那麽高，是因爲恩格斯有錢，又送給他用過 的原故 還有幾個英國人則行爲更卑鄙，如士密士某(a certain Smith)——後來做第二國際大會翻譯的——就是一個。最近世界大戰時，他和海因特曼一樣，都是有名的「社會主義的愛國者」。然恩格斯是决不能忘記這個那個——擧凡誹謗過馬克斯的——壞蛋的。故在其去世前不久，這位士密士先生去防問他時，他從樓上打他滾到樓下。

但在七十年代初，這誹謗更變本加厲，于最惡意的形式下傳播到了初來倫敦的拉薩勒派•的德國勞働者之間。同時因恩格斯之參加，派別之爭之激化又不僅倫敦爲然。我們知道當時俄國之外，巴枯寧與其徒黨正集中活動于拉丁系諸國——如意大利，西班牙，南部法蘭西，葡萄牙，及講法語的瑞士各地方．意大利尤爲巴枯寧所賞識，因爲那兒流氓普羅列塔里亞特——卽浮浪無產者特占優勢。他在這裏面認出了最主要的勢力。外此又還有一些在布爾喬亞社會裡沒有成功希望的靑年。外此則貧農的反抗形態——綠林強盜之類也盛行。他于是在俄羅斯所重視的要素——農民，流民，強盜三者，都在這地方大發達而且都大發見了。

和這些國家間的重要通信，當時都是歸恩格斯寫。現據其二三留稿（他是精力家故爲自己常留稿）看時，內容都滿具澈底反對巴枯寧派的精神。

對巴枯寧的「社會民主主義同盟」的政策與戰

略，加以最辛辣的攻擊與曝露• 的一有名的小冊子，本是「黑格大會」委員會的報告書；然執筆者則爲他與拉發格 (Lafargue)。馬克斯對于反巴枯寧主義一點雖完全一致，但于這小冊子則只執筆最後結論一章。

一八七三年以後，馬克于離開了公開的舞台。這年他完成了『資本論』第一卷的第二版，并且着手譯成法文，——後二年一八七五年出版。此外則他爲前關于「共產主義者同盟」所著的東西作一「跋後」，及爲意大利同志作些小論文，——合起來是他一八八〇年以前的著作全部。這時候他的身體已經壞極了；但只要健康上許可，他還是繼續他那大著；—— 雖然初次的草稿在六十年代就早已完成。但繼續執筆中的第二卷，他亦卒未能完結之使得出版。這卷裏所收錄的最後的原稿，我們知道是他一八七八年作的。多少費腦力的工作，現在他都成爲極端用過了度的頭腦的脅威了。這時期中，他的家族與恩格斯都不斷地憂懼于他的生命隨時或生突變。他的巨偉的組織體，過去曾担起過超人的勞作，現亦已日趨弱萎。恩格斯的哀淒的照料，及『如可贖兮人百其身』式的勞力，皆無効果。他的面前，擺着未完成的經天緯地的大工程；他只要覺得身子多少好一些，覺得死的危機多少去一些，醫生又許可他每天還可做二三時間的工作時，他就立刻又着手。他每想到他恐怕不能完成這工作時，他的心裡就煩憂不能自已。他常說：『工作做不來了的話，在不想單做一個動物的人，簡直等于宣告死刑』。一八七八年以後，他以異日健康恢復捲土重來爲希望，不得已將『資本論』一切拋棄。但這希望誰知竟不能達到！雖然不能達到，他還尙能寫寫筆記，尙和國際勞働運動保着關係而于其中盡其知識活動的任務，答復各國寄來的無數質問。這一來，于是八十年代之初，他的通信簿又成爲非常龐厚了。和恩格斯一起，消息又都非常靈通了。當時恩格斯管事管得頂多，兩人又都成了急激發達的勞動運動的內行。而在這急激發達的勞働運動當中，『共產黨宣言』的思想又方大高漲。—— 自然，這功績的大部分是應歸之于恩格斯的；恩格斯在這七十年代，及馬克斯尚在世的當中，實在活動得非常利害。

「第一國際」裏馬克斯派與巴枯寧派的鬥爭，世之傳之者常言過其實。實際上其中巴枯寧分子不過幾個，幾個之中又各性質不同，目的也唯在于合以攻擊「總務委員會」。而反之馬克斯派情形更壞。馬克斯與恩格斯背後，只有一小團體內的人算是懂了『共產黨宣言』及充分瞭解了馬克斯學說。一般則『資本論』初刊行時亦僅舉絲些的効果。概如——一字不苟地——對一花崗石的大岩頭，雖出死力地咬了一下，結果不過咬了一下而止。七十年代之前半期，德國社會主義者的著作——雖馬克斯門人的里布克涅希特的小册子也在內，——

亦表示當時對馬克斯理論的研究還幼稚得很。黨的中央機關報上，尤常常將種種社會主義的體系怪異地冶爲一爐。馬克斯恩格斯的方法，唯物史觀，階級鬥爭的理論——一切都還等于未解包未開封的書一樣。里　克涅希特　沒有把握到馬克斯的哲學，遂至于將馬克斯恩格斯的辯證法的唯物論（dialectic Materiatism）和莫勒士學特(Jacob Moleschott 一八二八——一八九三）標希涅爾（Ludwig Büchner一八二四——一八九九)的自然的歷史的唯物論」（Natural-historalialism）混爲一談。

這一來，于是當馬克斯空空地想完成其『資本論』的時候，恩格斯遂必得起而以擁護傳授這馬克斯主義的教義爲己任。他有時依特別請求于他的題材，有時攝着眼前歷史的事實，一一借以說明科學的社會主義和其他社會主義體系之不同，一一站在前者的立場上說明各種使人疑惑的實際問題，或則一一表示其自身的方法之應用。

當那有名的德國蒲魯東主義者苗伯兒格(Mülberger) 在德國社會民主黨機關報上連載其住宅問題的長論文時，恩格斯認爲好機到了，因作『住宅問題』(Die Wohnungsfrage)一書，闡明馬克斯主義與蒲魯東主義之違異。在這書中，他除作了馬克斯的『哲學的貧窮』的充分補充外，還投了馬克斯主義的燦爛的光芒于決定勞働階級狀態的主因之上。

他將他的舊著『德意志的農民戰爭』(Peasant War in Germany) (1)加了一篇新序文再出版。目的是在于對其年輕的同志們說明對德意志歷史上與德意志農民史上最重要的－故事•之怎樣應用唯物史觀。

(1)最近翻成了英文出版。

又當德意志帝國議會討論那普魯士地主如何就可使德意志全國人都變成常習的好飲者•以便

保其利潤很大的生意•時，恩格斯復進而起草其『德意志帝國議會中的普魯士火酒』(Prussian Schnaps in The German Reichstag)的小册子。在那裡面他不僅揭破普魯士貴族的野望，且說明了普魯士地主制度與貴族制度的歷史的任務。——他的這些——以及其他——關于德意志史的著述，使後來考茨基(Kautsky)與默林(Mehring)等都得據以爲基礎，都得在他們德意志史的著作上將該基礎通俗化起來且發展起來。

但恩格斯的最大勞績，還是在一八七六與一八七七兩年中。在一八七五年，「拉薩勒派」與「埃塞納哈派」在所謂『哥他綱領』(Gotha Programme)—「馬克斯主義」與其曲解附會了的分身•即所謂「拉薩勒主義」•的可憐的妥協——的基礎之上合併了。馬克斯恩格斯對此都反對得極力，——合併本身雖無問題，但不依他二人的提議而變改其綱領，他二人乃極不滿。他們主張——在最有理由的見地下——合併誠爲必要，但以這種錯誤的綱領爲合併的理論基礎則絕非所望；又主張：無已則暫將綱領決定一事延期，僅定一適用于日常實際運動的一般的政綱，亦已足；云云。關于這問題，當時伯伯爾（August Bebel一八四〇——一九一三）與布拉克（Wilhelm Bracke一八四二——一八八年），也是反對里布克涅希特的一個。

但反對沒有結果而數月後馬克斯恩格斯就都碰到了證悟這兩派在理論方面的教養都同樣很低的機會。即在這新政黨之中，其年青的分子無論智識界的勞働界的，乃都大爲丟林（Engen Dühring 一八三三——一九〇一）——當時德國有名的哲學家兼經濟學家——的學說所吸引。這丟林曾一時做過伯林大學的助教授；用其人格及其和一般大學教授不同的大胆的言論，大爲一般所同情。牠雖然眼睛已經盲了，但他在那兒講授機械學史，講授經濟學與哲學。他的多才多藝眞是可驚，確是一個值得注意的人物。當他對一般所承認的社會主義者的理論——特別是馬克斯的理論——發其苛辣的批評以作講義時，聽者的印象之大尤其不可當。學生與勞働者，都覺得他的聲音是「思想界的生命之聲」。他強調行動的意義，鬥爭的意義，及反抗的意義。他力言政治的要素以抗經濟的要素，他指摘歷史上力的重要性與暴力的重要性。他爭論時，無論馬克斯拉薩勒，皆一網打盡地毫不客氣地亂七八糟地加以誹謗。他提出馬克斯是猶太人以作一反對的材料，亦恬不以爲恥。

恩格斯在未決定打擊他之前，曾躊躇了很久。但最後接受了德國友人的懇請，一八七七年在黨的中央機關報「前進」(Vorwärts) 上連載其痛烈批評的論文。但結果，他的同志之中竟又有對他憤慨，以爲不應該的人。丟林的信徒，後來「修正主義派」的理論家伯倫坦士因 (Eduard Bernstein 一八四六——一九〇六)及後來「德美無政府主義家

(German-Amenican Anarchist) 莫士特 (Johanan Most 一八四六——一九〇六)，就是頂不以爲然的。同時在社會民主黨大會上，也有好幾個代表攻擊他甚力，連拉薩勒派的滑兒台希 (Walteich) 也是一個。黨的中央機關報——奉馬克斯拉薩勒爲教師的——上此後當禁止登載•的決議案，亦幾幾乎通過；—— 其反恩格斯的情形直到這種程度。

幸而好，有一個調停者出來，提議恩格斯這文章不再登載于機關報的正刋上，改登于特別附刋上。這提議又幸得通過，問題于是告了一個結束；否則眞是不曉得要生一種怎樣不堪設想的汚辱結果來呢！

這些論文在一八七八年曾集而出版，題爲『丟林先生的科學的變革』(Herren Eugen Dühring's Umwälzung der Wissenschaft) (1)，或則如後來一般所熟知，稱爲『反丟林論』(Anti-Dühring)。這是馬克斯主義史上劃時代的著作。七十年代後半期開始活動的青年• 之學到科學的社會主義是什麽，其哲學的前提是什麽，其方法又是什麽等，都是得之于此。『反丟林』是研究『資本論』的最良的入門書。那時自命爲馬克斯主義者所著的各種論文涉獵一下時，把『資本論』內的問題方法最歪曲地表現出來的見解，幾汗牛充棟。爲傳播馬克斯主義爲一特 的方法與特殊的體系起見，除『資本論』本身以外，比『反丟林論』再做得好的沒有了。八十年代初，爬上公開的舞台上的青年馬克斯主義者，如伯倫士坦因，如考茨基 (Karl Kautsky 一八五四——)，如普勒哈諾甫 (George Plekhanov 一八五七——一九一八)等，無一不是這書哺養大的。

(1)一部分曾譯成英文出版，題爲『科學的社會主義的界標』(Landmarks of Scientific Socialism)。

但這書不單僅是對黨的上層留了影響。一八

八〇年恩格斯應法國馬克斯主義者之請，復曾摘拔其數章譯成法文，成爲馬克斯主義的著作中最有名之一，和『共產黨宣言』一樣，讀的極多。卽所謂『空想的社會主義和科學的社會主義』（Soccialism——Utopien and Scientif ic）。立刻又譯成了波蘭文，一年半之後又譯成了俄文，這都是馬克斯在世中，恩格斯所成就的事業。自然馬克斯也言助過，幷且還合作過。嘗如『反丟林論』裡有一章就完全是馬克斯做的。

八十年代之初，歐羅巴勞働運動裡起了一個變化。依恩格斯不倦不休的努力，及其特出的通俗化之才能，馬克斯主義急速地得勢起來了。一八七六年，社會民主黨在德國受了不合法的宣告。暫時混沌之後，馬克斯主義復勃起達于巔頭。伯伯爾在其回顧錄中說，事態之如是起一個旋轉，倫敦來的兩個老人意義極大。因爲他們不懼公衆的抗議威嚇，硬要求中止「那醜事」不再繼續，且要求對任何

想和布爾喬亞 西生關係 的想 頭都要不妥 協地鬥爭。

在法國,則一八七九年「馬賽大會」(Iarseilles Congress)時,新組織了一個以社會主義綱領爲綱領的勞働黨。前巴枯寧派的格特 (Jules Guesde 一八四五 —— 一九二一) 作領袖, 的 一年青的馬克斯主義團體在這兒活動着。一八八〇年又決定要形成一新綱領。格特與其同志數人到倫敦去訪馬克斯, 當時馬克斯本對于該綱領之製成上正在積極地努力。但馬克斯拒絕法國人立于局部宣傳價値上所主張關于實際方面的幾點, 而只從事于各基本原則之定型化。他再發揮一次他對于法國特情況的理解能力, ——用一使法國人個個都能瞭解的綱領之作成法; 同時又是于該綱領之中, 共產主義的根本觀念必必然而然地論理上導引出來 的作成法 故這法國綱領後來成了俄,奥,德國埃夫爾特, 綱領的模範。格特與拉發格曾爲之作註釋，註釋出後伯倫土坦因爲之譯成德文，普勒哈諾甫爲之譯成俄文——題爲『社會民主主義者之所要求者(What the Social-Democrats Want.)這『社會民主主義者之所要求者』，和恩格斯小册子一樣，都是俄國最初的馬克斯主義者的研究教材，也是勞働者間教以馬克斯主義的常用教科書。

馬克斯又爲法國同志作了一本詳細的『問答表』，以供其調查勞働狀態之用。這書出版時沒有他的署名。一八六六年他爲「日內瓦大會」作的『問答表』僅包含十五項，今則問題達百餘項，關于勞働者的生活狀態，簡直無微不至。這是當時最精密的調查表，唯于勞働運動造詣最深的他，才能作成之如此 也是再加一個有力的證據，證明他雖素以抽象嗜癖著于世，然于具體的事態亦能與之相接 于具體的現實亦能加以瞭解的。蓋分析現實，及由這分析結果以達于一般結論•的能力，本決不是缺乏現實性的，本決不是可與翔翺于空虛的抽象世界中者同日語的。

馬克斯恩克斯，對俄國革命之發展曾非常綿密地注過意。他們都學了俄文。馬克斯快到晚年才着手，然他竟學得非常的好，能讀多布羅留波甫(Dobrolyubov)，且尼雪甫士基(Chernishevsky)，乃至外國人最難了解的諸作家如薩滌苛甫——希雪特寧(1) (S ltikov-Shchetrin) 等，也能讀。馬克斯幷能讀俄文譯的『資本論』。他在俄國的聲望，雖「黑格大會」以後猶有加無已。都認他是一個布爾喬亞經濟學的批評家中最大有權威的；其影響直接間接滿佈在俄國政治的各種著作上。拉夫羅甫 (Peter Lavrov 一八二三——一九〇〇)及其黨徒，是直接受馬克斯的影響的，雖然想于其唯物主義之中插入一些唯心的概念。同時俄國的巴枯寧派，在其後期也對馬克斯非常表示尊敬。幾多最大的馬克斯主義者— 如普勒哈諾甫，沙蘇里

志 (Vera Sassulitch 一八五一——), 阿克作羅 (Paul Axelrod 一八五〇——), 德伊志 (Leo Deutch 一八五五——)等, 在其年青時都是巴枯寧派。馬克斯恩格斯都對「人民的意志」(Narodnaya Volya) 的名義之下的運動 (2), 批評得非常之好。

(1)文藝批評家，兼社會學的著作家。

(2)這民衆的社會主義的 (Populist-socialist) 的組織，在七十年代曾活動。一八八一年三月十四日亞歷山大二世之暗殺，即其活動之登峯造極，

現在還存在許多原稿與書信，都是表示他曾怎樣用心研究過俄國文學與俄國社會經濟的關係的。只爲他能徹底通曉那些關于俄國農業方面的材料，故他不僅能指出俄國凶年歉收的各種主要原因來，而且能定出其必爲週期的現象的法則來。他的推論之爲正確，歷代的凶年史——連最近蘇聯的凶年史亦在內——皆能證明之。許多許

多的俄國材料，他曾想用之于『資本論』第三卷的農業問題研究上，皆因其健康不勝，概成了廢物．他所賸下的原稿之中，有四捆是答沙蘇里志關于俄國土地共有制度——密爾（Mir）的質問的．(1)

(1)這材料是里亞札諾甫所發見的，最近曾在「馬克斯恩格斯雜誌」『Marx-Engels Archievs. Vol. I. pp. 316—343 上發表過)。

他的生涯的最後一年半，是日與死相接近的過程。他的面前始終擺着那大草稿，一息尚存時他總想鍥而不舍。在他的盛年，曾作得有關于這偉著的一基本的模型的輪廓，資本家的生產與交換的根本諸法則都記載在內。但他不再有精力把這個做成活潑潑地的機構如第一卷了。

最後，運命復加以最激烈的兩大打擊——即奪其愛妻與愛女——于其衰病柴立的老軀之上。這一來他遂不復能支了。獰猛的他，不可思議地覺那樣最忠實于家，最篤情于親。愛女之逝，他病爲之復發，哀痛之切，親友咸虞其將至傷生。讀其寄女各書，誰也不能無疑：此鐵石心腸何來此柔情萬態，涓涓不息。

世之俗物及對革命初問津的，讀到他的生涯的最後一頁，或相率瞠目而視，且異且疑。以爲革命家不應分其精力騖及革命以外的人事。五分鐘革命的勇士們，或尤以爲眞革命家必終其生一分一秒一瞬間皆努張債興才對。但這是革命的八股所造成 不近于一切人性人情•的人的話。

我們總要根據人情去判斷。我們總喜歡信：任何使我們敬畏的人們結果也和我們一樣，不過比我們賢能一些，博聞多學一些，及于革命運動上較我們有用一些，——而止。我們應知道：人而被描寫成一英雄：舉步而山河動，投足而地軸折，飲如鯨，食如牛，——俱如此類，都是只于虛構的古典的陳朽的戲曲內才可得而聞之的。

馬克斯，他也常被人家這樣描畫過。可愛的老則鏗 Clara Zetkin)，好作高尙崇嚴之辭的老則鏗，其所表出的馬克斯卽如此。但如此則不啻忘了馬克斯本人所說的話，他曾答一『慾喜歡那一種格言?』的質問曰:『我是一個人，人喜歡的事我都有關係』。但其實豈僅有關係，他且曾一再自怨自艾於有時過于信人，有時過于害人。他的崇拜者，對于他的好飲酒(他是葡萄酒產地莫則爾人)雖或能恕，對于他的亂喫煙亦常感頟。他自己亦常笑說『資本論』所得的版稅不夠著時所費的煙錢。自然他因爲沒有錢，喫的煙都是很便易的;但他的生涯與健康由此耗費的也就不在少數。晚年更利害了的慢性氣管炎，就是因爲這個原因。

他死于一八八二年三月十四日。恩格斯于其死之日函告舊同志卓格(F.A.Sorge)(1)的話，是對的。

『一切現象，儘管是最可怕的，當其依自然法則而出現時也還是有其自身所固有的安慰。現在這事情正是這樣。醫術上本來或還可以加他一二年壽命——坐食而不起行的壽命，無望的人生的壽命，僅恃醫者技能之賜而苟延殘喘的壽命，慢慢地死而非卒然地死的壽命。但這個在他那能堪那能受呢?生下去而天天望着那些未完成的工作，生下去而天天感着無法完成那些工作的探它魯士(Tantalus)而苦惱，在他當然是比眼前落在自己運命上的的平和的死，還要可怕萬倍。

『死在死者不可怕，唯在生者為足悲』，這是他和埃批鳩拉士(Epiculus)一樣，所常說的。但是雖然如此，在我們生者目擊此偉大的天才僅恃醫藥的光榮保其半生半死的存在，以聽其盛時痛烈地加過攻擊的俗物來嘲弄，則今日之事誠千百倍亦能忍能甘。不錯，不錯，後天把他送到他的愛妻所睡的墓內去，比這

個實在好千千萬萬，

『在我看起來，他眞是油盡燈熄，可生的部分都生盡了。關于這點，我相信我比任何醫生都淸楚。故這次實在是沒有法子。

『一切只好如是。但人類長矮了一個頭了，長矮了它所持有的一個最有天才的頭了。

『普羅列塔里亞運動自然還能繼續下去；但中心失去了；法俄美德各國人士每在其危急的瞬間所恃以爲助•所恃以常常得到能完全支配問題的一天才家所獨能惠示的聰明而堅實的忠告•——的那中心，現在失去了。』

(1) 卓格是「第一國際」本部一八七二年移往紐約後的書記•他直到一九〇六年死時止，皆在日耳曼人系的美國人勞働運動中工作。

恩格斯現在遇着頂麻煩的事情到了。他是一個卓越的著作家，德文最具風格的文章家，博學多識之餘數種人文知識方面又是耑門家；然當馬克斯在世時，願意也好不願意也好他總是退居于次一等的地位。

『我希望讀者關于我個人的事許我在這兒說明幾句。近來總是說我于這學說的組成上曾與過聞。所以我現在必得對此問題最後作一簡單的陳述。

『我不能否認在我和馬克斯共事的四十年中乃至以前，我對于這學說之植立上，尤其其完成上，曾有過獨立的貢獻。但是其中基本的主要的思想的大部分——特別是關于歷史與經濟學兩方面的，——以及其堅定銳利的述明，是屬于馬克斯的。我所貢獻的，除二三耑門知識方面的部門而外，馬克斯就沒有我的援助也能容易弄好。而反之馬克斯所做過的，我決做不了。馬克斯比我們任何人都還站得更高，看得更遠，見解亦更廣更精更敏。馬克斯是天才；我們最大了不得，也不

過是才人。沒有他，我們的學說當遠不如今日。所以這學說，用他的名字去稱呼是正當的。』(1)

(1) 見恩格斯著：『浮爾巴哈與德國古典哲學的終結』(Ludwig Feuerbach und der Ausgangder Klassischen Deutschen Philosophie)。1888。四十三頁。

恩格斯——如他自己所說——現在眞沒辦法要彈第一位的提琴了。過去他老是彈第二位的，因第一位的歸馬克斯彈得那樣神奇而靈妙 他幷且非常歡慰。他們倆都是依據他們倆所獨能易解易知的音譜而彈的。故現在他頭上落下來的唐僧取經式那麼困難的工作，即爲整理馬克斯的文稿遺產。意大利一大學教授，前曾一度訪馬克斯盡其阿諛諂譽而去，今則于其著作中大胆地謂馬克斯在『資本論』第一卷中述及第二卷第三卷的事全是欺人之談，根本該兩卷都不存在。但和此小小的無賴中傷相反，該遺產中不僅發見了第二第三卷，而且

第四卷都發現了。不過不幸弄得太亂七八糟，害得責無傍貸而又不能儘時間爲之的恩格斯，費了十一年的光陰才得整理完好。馬克斯的字非常難認，許多地方且是用其自己發明的速記方式寫的。到他將死的時候，即結果他自己亦明白自己到底不能完成這工作的時候，才向他的幼女說：我的遺稿恩格斯或能代我處理一下。——

幸而好，恩格斯將其主要的部分整理成功了。他把那第二卷第三卷出了版。我們還得附說一句：這實是除恩格斯外，萬難有第二人能完成這偉大工作的。這兩卷多少有些缺點，但就如其現在印出的樣子，恩格斯的名字擺在馬克斯的傍邊也還充分夠資格。我們現在差不多絕沒方法找到當時恩格斯手中的馬克斯的原稿了。除第一卷外，故我們現在除由恩格斯所記述之外，沒有方法能與馬克斯的資本論相接觸。

以前，尤其在「第一國際」崩壞以後，馬克斯恩格斯都在那兒幹那老「總務委員會」的事。現在則一切爲各國社會主義團體間謀調停聯絡的工作，以及接頭報告等工作，都日重一日地壓負于恩格斯一人之身。馬克斯死後不久，國際勞働運動忽活潑潑地示其再生的徵相。一八八六年，組織一新「國際」的話已有人開始講了。但一八八九年以後，即組織「第二國際」的第一回大會開了以後，(一九〇〇年前該國際還未設永久的中央事務所)恩格斯還在對全——差不多 歐羅巴各國的勞働運動，作最積極的寄稿家與助言家。舊的「總務委員會」——由三四國的多數委員及書記所組成的——現具體化于他一人之身。當時任何國家發生一馬克斯主義的新團體時，即必立來問計求助于他。他則 其不熟練的各國語言，有時正確地有時錯一些地一一答復之。他對各國的勞働運動，皆藉其原文的代表刊物作研究資料。這個耗費了他許多時間，但同時又使他能強固馬克斯主義的力量于各該國內，—— 依其對各該國的特殊情況施以馬克斯公式之巧妙的 用之方法。當時眞是沒有受他文字作物的影響的，一國也沒有。他不僅爲德奧中央機關報寫文章，又不僅爲法國寫文章，而且爲波蘭譯的『共產黨宣言』做序，而且援助西班牙丁抹葡萄牙塞爾維亞諸國的馬克斯主義者以忠告，以注意。

他對俄國青年馬克斯信走的援助，尤其特別值得注目。他曉得俄文，能直接和俄國的馬克斯文獻保着接觸。依他個人的影響 —— 上述「人民的意志」一派的勢力雖大，—— 竟使「勞働解放」(Emancipation of Labour) (1)團能那麼急速地和德國馬克斯派結成聯絡。西部歐羅巴 尤其德國，之能對俄國那樣一個亞細亞國家的勞働運動及馬克斯主義者解除疑惑，皆他一人之功。一八八九年，普勒哈諾甫特別旅行到倫敦來會他，且報告他俄國革命運動的新傾向。他且曾爲第一期俄國馬克斯主義者的定期刊物作過關于沙皇外交政策的特別論文。

(1) 這團體是普列哈諾甫，沙蘇里志，阿克塞羅，德伊志及其他在一八八三年所組織的最初鮮明的馬克斯主義團體；爲後來一八九八年組成的「俄國社會民主勞動黨」(Russian S.-D.L.P.)的前身。

恩格斯，他果然不曾即親眼看到了自己熱心活動的成果。「第二國際」創立時，他沒有在其各種會議內直接担任什麼工作。他不公開地出面，僅對其門下，—— 現在都站在各國勞働運動的領導地位上——作些助言。門人則每發生重大問題必報告于他，請數于他，且服從其權威。有幾個黨派，依他的後援且在「國際」裏面非常得了勢。晚年因爲只常和諸國領導的黨派領袖相交際的原故，多少生了些矛盾。譬如對法國馬克斯主義者之惑溺于農民問題，則立起而爭之以擁護綱領內的普羅列塔里亞精神，而于德國同志恐政府壓迫社會主義者的法律之復活，強求他將在馬克斯『法蘭西的階級鬥爭』(The Class Struggles in France)一著所作的叙文語調放軟和些——該馬克斯著作是澈底地燦爛地應用階級鬥爭思想與無產階級獨裁思想的——時，他竟加以聽從。即其一例。

一八九〇年五月一日——「勞働節」國際地舉行時，他爲德國『共產黨宣言』第四版作序文，于其中叙及國際勞働運動之非常發展情形，又痛惜馬克斯之不復在世，未得目擊此盛況。馬克斯只在勞働階級運動的進步分子頭腦內有其人，他則雖和馬克斯一樣任何爲自己吹牛的廣告都嫌忌——廣告的意義爲何他自然非常明白•資本家新聞對『資本論』投以黑的棺衣時他自然澈底反抗•——但到晚年則成了國際勞働運動界最大的崇望之的。爲友人們的翹望所動，一八九三年訪歐羅巴大陸時會親得實證這事實之不誣。卽大衆的歡迎會款待會等——當年拉薩爾不僅爲宣傳起見而提倡，且爲區別•廣告•提高• 領袖起見而提倡的這等歡迎會款待會等，現在單因勞働運動偉大地發展了的理由，要大幹而特幹起來了。「秋里希大會」(Zurich Congress) 也爲他準備了這樣一個歡迎會了；但他只願以來客的資格出席，會末始承諾簡短地演幾句說。

他和馬克斯不同，七十五歲時還保得有工作精力。一八九五年他還寫封很有趣味的信給阿德拉 (Victor Adler)，指出第二第三兩卷的『資本論』當怎樣讀的要點。同時他又爲第三卷作一有興味的附錄。他還準備好了要著『第一國際史』。但在這精神工作的最熱中時，一個殘酷的病忽襲來，使他于一八九五年八月五日遂長辭而去。

馬克斯葬在倫敦，和其妻與孫同穴。墓前有一質素的墓標。伯伯爾曾提議爲之建一紀念碑，商之于恩格斯，恩格斯復之曰『馬克斯的女堅不許可』。到恩格斯死時，火葬還剛才流行。然他遺言須火葬，且須揚其灰于海。于是死後此遺言應遵行與否遂成爲問題。許多德國同志總不想棄其立墓之思，幸而主張依其遺囑施行的占多數。他的遺骸于是燒了。灰壺沉之于海了。

二友賸下了比任何大理石還強的墓碑，比任何雄辯還優的墓銘。二友遺下了科學的研究法及革命的戰略戰術的規程給我們。二友還留下了一個無盡藏的知識的寶庫，現在還供我們研究理解周圍的現實上作取之不盡用之不竭的泉源。

最新出版馬克斯與恩格斯的名著

德意志意識形態　郭沫若譯0.40

政治經濟學批判　郭沫若譯0.80

世界名人傳記

馬克斯與恩格斯

著者　里亞札諾甫
譯者　蘇迅
出版者　言行出版社
發行者　神州國光社
上海北河南路興寶坊七號

實價國幣六角五分

民國廿八年六月初版